T0022541

clave

Pablo Arribas (Madrid, 1986) es licenciado en Humanidades y Periodismo, emprendedor, divulgador de conocimientos y creador de *El universo de lo sencillo*, un proyecto de motivación y desarrollo personal donde comparte su particular forma de ver el mundo.

El universo
de lo sencillo

50 reflexiones para crecer
y amar como valientes

PABLO ARRIBAS

DEBOLS!LLO

Papel certificado por el Forest Stewardship Council®

MIXTO
Papel procedente de
fuentes responsables
FSC® C117695

Penguin
Random House
Grupo Editorial

Primera edición en Debolsillo: septiembre de 2022

© 2016, Pablo Arribas Martínez
© 2016, 2022, Penguin Random House Grupo Editorial, S. A. U.
Travessera de Gràcia, 47-49. 08021 Barcelona
Diseño de la cubierta: Penguin Random House Grupo Editorial / Judith Sendra

Printed in Spain – Impreso en España

ISBN: 978-84-663-6070-8
Depósito legal: B-9.741-2022

Compuesto en La Nueva Edimac, S. L.

Impreso en Novoprint
Sant Andreu de la Barca (Barcelona)

P 360708

A mi hermano Alejandro Arribas,
mi héroe.

El futuro tiene muchos nombres.
Para los débiles es lo inalcanzable.
Para los temerosos, lo desconocido.
Para los valientes es la oportunidad.

Victor Hugo

Índice

Prólogo

Esta es la historia de un sueño. De esa clase de sueños que uno siente que están ahí para hacerse realidad desde el primer momento que aparecen en la imaginación.

Estás a punto de comenzar un libro que nace para quedarse a tu lado. O, mejor dicho, dentro de ti. Decía Maya Angelou que «las personas olvidan lo que dijiste y lo que hiciste, pero nunca cómo las hiciste sentir». Quizá ese sea el secreto de *El universo de lo sencillo*, una obra que te hará reír, reflexionar, emocionarte y conectarte con esa parte de ti deseosa de vestirse de coraje y lanzarse sin reservas a la aventura de vivir.

Tienes en tus manos algo más que un libro de desarrollo personal. Tienes un libro que huele a *martes por la noche*, a la palabra exacta en el momento oportuno y al impulso necesario antes de un gran salto. Un libro único que huele a ilusión, ternura y, por momentos, cómo no… *a hogar*.

Si ya conocías *El universo de lo sencillo* sabes bien de qué te hablo; si, por el contrario, acabas de llegar, ponte cómodo, prepara una buena taza de café y enciende algunas velas, porque este rato es para ti. Para cuidarte, para escucharte, para coger impulso, para soñar. Prepárate para viajar entre innumerables metáforas y anécdotas inspiradoras que te llevarán desde el miedo y la seguridad hasta el amor y la reconfortante sensación de saberse merecedor de todo.

Se dice que lo que sale del corazón llega al corazón. Es por esto que a lo largo del libro conectarás con esa parte de ti que quizá no sabías que existía, con ese *no-se-qué* al que, tras un tiempo, le pones nombre y sonríes aliviado. Estas letras nacen con el firme convencimiento de dejarte claro que cada persona es única, sí, pero que todos estamos hechos de historias similares. Aquí encontrarás el abrazo que necesitaste en aquellos momentos en los que creías que eso que te ocurrió solo te pasaba a ti.

Puedes estar tranquilo: todos hemos soñado, amado y tropezado en algún momento. No pasa *nada*. En los siguientes capítulos descubrirás que nuestra misión en la vida no es acertar, sino dirigir nuestros pasos con un sentido y construirnos como la persona que queremos llegar a ser. Suena bien, ¿verdad?

Este libro es un llamamiento al valiente que habita en cada uno de nosotros. A ese *cazador de oportunidades* dispuesto a dar un paso al frente y arriesgar, a seguir a pesar del miedo porque «esa aventura no se la pierde» y a amar sin mirar atrás porque tiene claro que «lo que quiere... o nada». En lo más profundo de nosotros existe un héroe dispuesto a construir sus sueños. Reúne todo el coraje que atesoran estas páginas y luego sal ahí fuera a por ellos. Sé *el guardián de tu vida*.

Vas a comenzar a leer el libro que será un aprendizaje de vida y para la vida: la tuya. Porque solo hay una y mañana ya es tarde. Si aquí has venido a vivir, ahora es el momento y tú eres la persona.

Tienes en tus manos un sueño; el sueño de Pablo Arribas: llegar al corazón de las personas a través de la sencillez, el amor y la valentía.

Bienvenido a *El universo de lo sencillo*.

¿Soñamos?

NEKANE GONZÁLEZ
formadora emocional y cofundadora de
Reparando Alas Rotas (@ReparandoAlas)

Antes de empezar

—Quiero escribir un libro que no exista.

—Pablo, ningún libro existe antes de ser escrito.

—Ya, pero yo quiero escribir un libro que no exista.

Cuando el 21 de enero de 2013 llegué a Belfast tras haber dejado mi trabajo y mi ciudad natal, Madrid, lo hice con una intención: escribir el libro que me hubiera gustado encontrar en las librerías. Hoy —gracias a miles de horas de dedicación y al incondicional apoyo de quienes sin duda puedo llamar amigos— creo haberlo conseguido.

Si estás familiarizado con libros de desarrollo personal, pronto te darás cuenta de que lo que tienes en tus manos no es un libro al uso dentro del ámbito profesional. En él, a pesar de ser su fundamento, no vas a encontrar grandes datos o investigaciones acompañando a cada idea, sino un conjunto de 50 reflexiones escritas desde la sencillez del lenguaje, el sentido del humor y la complicidad de quien, como tú, no es ajeno a los continuos aprendizajes que exige una vida a pleno corazón.

A través de las siguientes páginas quiero dejarte claro un mensaje: esta es tu vida y de nadie más. Tienes derecho a inventártela y perseguir tus ilusiones sin necesitar para ello el permiso del acierto, la maestría o la opinión de los demás. Tienes derecho a equivocarte, a pensar en grande y, sobre todo, a intentar convertirte en la persona que tú quieras.

Tras años de estudio he llegado a la conclusión de que nuestro verdadero valor se forja a golpes de coraje y que cualquier forma externa de medirnos supone una mera arbitrariedad. No somos lo que conseguimos, sino lo que con valentía nos atrevemos a perseguir. Cada vez que nos enfrentamos a nuestros miedos, a nuestro pasado o a nuestros límites en lugar de dejarnos llevar por la inercia proclamamos nuestra individualidad, cambiando con ello el curso del destino. Nuestro destino.

He elaborado cada capítulo con especial atención y cuidado con el objetivo de que tras alguna frase, párrafo o destacado encuentres un instante de inspiración, convencido de que, como escribe el doctor Mario Alonso Puig, «no somos cubos vacíos que hay que llenar, sino fuegos que hay que encender». Creo firmemente que cada persona debe construir su propio destino y que, aunque existen guías, consejos o faros que seguir, no hay un solo libro que pueda abarcar una receta definitiva. Es por esto que *El universo de lo sencillo* es una obra incompleta en la que falta la parte más importante: la tuya. Comparto contigo la ilusión de que leas las siguientes páginas de manera reposada, espaciada y, a ser posible, con un lápiz en la mano. Una vez lo tengas, subraya lo que te guste, tacha lo que no compartas y anota al margen cualquier idea que te inspire. El resultado final será tu verdadero libro.

Si a lo largo de estos años has seguido la evolución de *El universo de lo sencillo* a través de las redes, quiero de corazón darte las gracias, pues la oportunidad de escribir este libro nace de ti; si, en cambio, lo acabas de descubrir, te doy la bienvenida a este espacio de ilusión, optimismo e inspiración para crecer desde la sencillez.

No te olvides de compartir tus aprendizajes y comentarios en la red a través de #LibroEUDLS o #EUDLS.

Invéntate la vida

El éxito está en el movimiento y en la osa-
día. Muévete. No pares de hacerlo. Invéntate el camino. Invéntate a ti mismo, pero
no pares. Nuestro mundo, nuestras reglas.

ENRIC OCHOA-PRIETO

En un estudio sobre creatividad y pensamiento divergente, un reconocido profesor propuso a los voluntarios
que escribieran en un papel todos los usos que se les
ocurrieran para un clip. Mientras que la mayoría se *reba-
ñaba la cabeza* para escribir más de diez o quince, a alguien se le ocurrió preguntar: «¿El clip podría estar hecho de goma y medir 60 metros? ¿Tiene que ser un clip
tal y como lo conocemos?».*

* Ejemplo divulgado por sir Ken Robinson en alusión al estudio sobre
pensamiento divergente publicado por George Land y Beth Jarman en su
libro *Breakpoint and beyond*.

Y nuestra vida, ¿tiene que ser tal y como la conocemos?

Cuando estudias la carrera de Periodismo, como es mi caso, una de las primeras lecciones que te enseñan para redactar una noticia con propiedad es *La regla de las 5 W*. Según esta norma, para que un artículo esté completo, debe incluir *Who, What, Where, When* y *Why* (además de *How*). Casi todas estas preguntas pueden responderse con relativa facilidad. Sin embargo, hay una que resulta más complicada y que distingue a los buenos de los malos periodistas: el *porqué*.

En un mundo que circula a toda velocidad, es necesario hacer una pausa para preguntarnos si estamos corriendo porque corren los demás o porque verdaderamente nos dirigimos a algún sitio. El *porqué* es nuestra pregunta. ¿Hacemos las cosas porque siempre se han hecho así o las hacemos porque realmente creemos en ellas? ¿Actuamos movidos por la inercia de los acontecimientos o por el sentir de nuestro propio corazón?

Si no sabes argumentar una creencia, esa creencia no es tuya.

De una manera u otra, todos estamos expuestos a los dictados de la sociedad. Nos vestimos como la moda quiere que nos vistamos, escuchamos lo que la radio propone que escuchemos y estudiamos lo que el entorno y el mercado consideran que es *mejor*. Hasta cierto punto, no deja de ser necesario que entre los miembros de una sociedad existan puntos de encuentro donde poder generar comunidad. Sin embargo, una excesiva cesión de nuestras elecciones puede convertirse en un lastre para el desarrollo de nuestro potencial y el florecimiento de nuestra individualidad.

¿Realmente tenemos que casarnos entre los veinte y los treinta años? ¿Son Tailandia, Punta Cana y Nueva York los destinos a los que *hay que* ir? ¿Debemos ahorrar para comprar una casa en la que vivir el resto de nuestra vida? No y sí. No, si la razón de hacerlo es que lo *ordena* el mundo; sí, si el deseo de hacerlo pertenece verdaderamente a nuestro interior.

> **Más sabio que el que sabe mucho de un camino es el que sabe que existen más caminos.**

Vivimos rodeados de mensajes y refuerzos (positivos o negativos) que crean dentro de nosotros la idea de que existen unos caminos más *adecuados* que otros. Aunque en cierto modo —y para el devenir de la felicidad— esto no es del todo falso, sí provoca que una gran parte de nuestras decisiones sea tomada desde el deseo de *acertar* en lugar de hacerlo desde la celebración que supone el mero ejercicio de elegir. «La libertad —declaró Manuel Azaña— no sé si nos hace más felices, pero nos hace más hombres.» En otras palabras, no es el acierto lo que nos convierte en personas de valor, sino el coraje de atrevernos a dejar un trocito de felicidad a cambio de ser dueños de nuestro propio destino.

Tendemos a ver la vida como un cruce de caminos en lugar de verla como una amplia y virgen explanada. Así, ante cada situación, nos preguntamos «¿Cuál será el camino correcto?», en lugar de preguntarnos «Y yo, ¿adónde quiero ir?».

Movidos por el deseo de cumplir con las expectativas, a menudo olvidamos la máxima de la libertad: siempre y cuando nuestras decisiones no supongan un perjuicio para los demás, tenemos derecho a vivir como queramos. O, lo que es lo mismo, tenemos derecho a *inventarnos la vida.*

La vida, más que un catálogo en el que elegir, es un cuaderno donde dibujar.

Inventarse la vida es abandonar los *tendría* y los *debería* para hacer de nuestra existencia nuestra propia obra. Sin copias. Sin imitaciones. Es colocar delante de cada acción o decisión que llevemos a cabo un *porqué*. No como un acto de rebeldía, sino como un ejercicio de responsabilidad. Es, en definitiva, poner los recursos del mundo al servicio de nuestros deseos en lugar de nuestros deseos al servicio de *todo* el mundo.

Imagina que antes de nacer pudieras echar un ojo a todas las riquezas de la vida. Sus paisajes, sus ciudades, su gente... En definitiva, a todo su inmenso abanico de posibilidades. Ahora imagina que, tras haberlo contemplado todo, pudieras elegir. ¿Vivirías donde vives? ¿Trabajarías en lo que trabajas? ¿Elegirías las mismas aficiones? Seguramente no.

No esperes a que la vida te ponga en las manos tu plan perfecto. Eso nunca ocurrirá. Si el trabajo que amas no existe, invéntalo; si la casa de tus sueños no está en el mercado, constrúyela; si tu ilusión nunca ha sido realizada, persíguela.

Para una vida auténtica es necesario dar el salto de la costumbre de elegir entre lo existente a la valentía de elegir entre lo imaginable, desde las decisiones más pequeñas hasta las más grandes.

Haz tuya la aventura de vivir.

Invéntate la vida.

Enciende el mundo

> Nuestro miedo más profundo no es el de ser inapropiados. Nuestro miedo más profundo es el de ser poderosos más allá de toda medida. Es nuestra luz, no nuestra oscuridad, lo que nos asusta.
>
> MARIANNE WILLIAMSON

Cada vez que una persona brilla, no se nos advierte de su grandeza, sino de la grandeza de todos los hombres. Cuando Edmund Hillary —por citar un ejemplo— alcanzó en 1953 la cumbre del Everest, no mostró su superioridad sobre el resto de los mortales, sino que abrió caminos de posibilidad para que otros pudieran realizar su misma hazaña. Por este motivo, quien atenta contra la brillantez de una persona —sea en la forma que sea—, lo hace contra la brillantez de toda la humanidad.

Dentro de cada uno de nosotros tiene lugar un combate: A un lado, con albornoz, zapatillas de andar por casa y lema «A mí déjenme tranquilo», nuestra necesidad de comunidad y conexión; al otro, con zapatillas de deporte, guantes de acero, estómago vacío y a grito de «Quiero comerme el mundo», nuestro anhelo de individualidad. Si bien somos resultado de una fuerza natural que nos empuja a permanecer compactos y homogéneos, también lo somos de una luz interior que nos pide salir con vehemencia. Es la luz de nuestra singularidad, de aquello que nos distingue y nos hace especiales. Si todos disponemos de esta fuerza, ¿por qué vivir a oscuras?

La grandeza no está en ser el centro de los focos, sino en ser el foco que alumbra.

Los grandes saltos en la historia han sido consecuencia de un acto de rebeldía. Cada vez que un pueblo ordenaba construir una muralla que cercara su ciudadela, una parte del mundo se resentía; por el contrario, cuando alguien decía «Traspasemos aquella colina», el mundo entero avanzaba. Nada de lo que hoy nos rodea sería como lo conocemos de no ser por personas que decidieron desmarcarse y actuar sin esperar la aprobación o el permiso de los demás. «Si le hubiera preguntado a la gente qué quería, me habrían dicho que un caballo más rápido», declaró el revolucionario Henry Ford. Evolucionar implica siempre dar un paso fuera de la manada.

En un mundo lleno de interacciones y conexiones, no es fácil proclamar nuestra individualidad y, mucho menos, destacar. ¿Cuántas manos no se levantan en clase aun sabiendo la respuesta? ¿Cuántas malas miradas a quien quiere subir nota? Por lo general, no gusta ni lo muy bueno, ni lo muy malo, gusta lo igual. A no ser que se trate de ídolos o referentes ampliamente reconocidos, aquello que sobresale de la *normalidad* es mirado en unas ocasiones con escepticismo y en otras con recelo o rivalidad. Mostrar un talento constituye muchas veces una *amenaza* para nuestra continuidad dentro del grupo, lo que provoca que en lugar de actuar utilizando todo nuestro potencial, acabemos por situar nuestros talentos a la altura de la media. En cualquier caso, y por fuerte que resulte la presión del entorno, culpabilizar a los demás de la rebaja de nuestras capacidades es una falta de responsabilidad.

Cuando veo a gente que podríamos denominar ordinaria haciendo cosas extraordinarias no siento envidia, ni rabia, ni les deseo nada malo. Todo lo contrario. Cada vez que veo a una persona tejida con los mismos hilos que estoy tejido yo, me

pregunto: ¿quién demonios soy yo para quedarme aquí senta-
do, lamentándome y poniendo excusas?

Existe la creencia de que un excesivo éxito podría ofender y generar envidias en los demás y que, por tanto, lo mejor es permanecer agazapado. «¿Quién soy yo para ser brillante, precioso, talentoso y fabuloso?», nos preguntamos. Cuando más bien la pregunta debería ser: «¿Quién eres tú para no serlo?», nos recuerda Marianne Williamson en su memorable poema.* Ella misma nos da la respuesta: «Eres hijo del universo. No hay nada iluminador en encogerte para que otras personas cerca de ti no se sientan inseguras».

Seth Godin lo expresa así:

Nos consume la humildad de pedir indicaciones, seguir al líder y no arriesgarnos. Hemos adoptado la humildad de no tomar la iniciativa y de diseñar una vida en la que nadie nos puede culpar absolutamente de nada. Mientras no su-framos una escasez de humildad, el problema real será este: seguimos volando demasiado bajo. Tememos tanto

---

* Todos los fragmentos entrecomillados en este párrafo, así como la cita inicial del capítulo, corresponden al poema de Marianne Williamson «Nuestro miedo más profundo».

demostrar nuestro orgullo desmedido, nos asusta tanto la vergüenza de que nos digan que hemos volado demasiado alto, nos paraliza de tal modo el pánico a no encajar, que nos creemos la propaganda y no hacemos todo lo que podemos.

No hay razón para vivir con el interruptor apagado. Ni siquiera la necesidad de amor sirve como excusa. Si te quieren, tienes el clima perfecto para ser tú; y si no te quieren, tienes el motivo perfecto para irte. Cuando traten de aislarte, reducirte o ignorarte, no pienses que es marginación, piensa que es… ¡la soledad del héroe! En lugar de vivir en sus sombras, elige un entorno a la altura de tu luz.

Si tu grupo mata tu singularidad, aniquila tus ilusiones o reduce tus capacidades, entonces no era tu grupo. Parte en paz.

Antes de pensar que eres una oveja negra, piensa: «¿Y si soy la oveja blanca de un rebaño negro?».

Ser diferente es un privilegio reservado a aquellos pocos que tienen el coraje de aceptar su luz. Es muchas veces la

respuesta ante la pregunta «¿Quieres encajar o quieres so-
bresalir?» la que determina el futuro de las personas exce-
lentes. A un lado, los que prefieren camuflarse en la mul-
titud, los que esconden su voz y sus *desafinos* entre el
coro; al otro, los que dan un paso al frente y se atreven a
cantar a capela un solo.

Nunca pidas perdón por mostrar tus talentos. Cada vez
que brillas iluminas un camino por el que otros —quienes sepan verlo— transitarán.

Sé tú, sé único… ¡raro si hace falta! Sé una excepción y
serás excepcional.

Una vida tridimensional

> Si recibieras 50 libras, ¿qué opción prefe-
> rirías: conservar 20 libras o perder 30 li-
> bras? La abrumadora mayoría opta por la
> primera opción.
>
> CARLOS CHAGUACEDA*

Los sueños andan mezclados y es preciso separarlos: están los que se lanzan al aire y «ojalá se cumplan» y los que se fijan para ser perseguidos. Los primeros no tienen cabida en un libro de desarrollo personal. (Si te interesan, busca en la sección de *cuentos*.)

Nuestra vida empieza a empequeñecerse en el momento en que empleamos más fuerza en no perder que en ga-

---

* Extracto de un estudio realizado por el University College divulgado por Carlos Chaguaceda en *El mono feliz*.

nar. (Sí, no crecer también es empequeñecerse.) Esta actitud supone una traba que conduce a un inevitable conformismo. Nuestro cerebro conoce muchos mecanismos para permanecer en el suelo y a resguardo, pero pocos para apuntar a lo más alto. Es más hábil viendo *realidades* que oportunidades. Esta es la razón por la que tememos que nos quiten algo que sentimos nuestro, pero no sentimos como nuestro lo que aún no es pero podría llegar a ser. Si muchas personas no pelean por sus sueños no es porque teman quedarse en el camino, sino porque piensan que, estos, al no estar materializados, no les pertenecen.

El total es la suma de lo existente más lo imaginable.

La palabra *soñar*, como todo lo que destaca, tiene sus amantes y sus detractores. Nuestra cultura adora la eficiencia, la utilidad y lo práctico, y desconfía de aquello que pueda entrañar riesgos. «La gente —escribe Ken Robinson— se enorgullece de *tener los pies en la tierra*, de ser *realista* y *sensata*, y se burla de aquellos que *están en las nubes*.» La palabra ilusión ha corrido la misma suerte: desde la psiquiatría hasta el *Diccionario de la lengua española* de la Real Academia, el término ilusión se identifica con las falsas percepciones de la realidad y con el engaño de los sentidos. Fuera del diccionario, en el lenguaje de la calle, están en una acera los que ven en los sueños y la ilusión una fantasía, una utopía, un ensueño o una quimera, y, en la otra, los que ven una ventana de oportunidades para mirar de cara a sus deseos y por la que poder saltar cuando la puerta parece cerrada.

Con demasiada frecuencia, realidad y sueño son considerados antónimos. Pero lo contrario a *realidad* no es *sueño*, es fantasía, y lo opuesto a un sueño no es la realidad, sino el estatismo y la *muerte*. Únicamente cuando a un sueño le sigue la acción toma a la realidad como aliada y no como *enemiga*. De esta manera, la principal diferencia entre un realista y un verdadero soñador está en que mientras el primero trabaja con lo posible, el segundo se asoma a lo imposible y lo empieza a dibujar. Soñar no es otra cosa que crear mundos de posibilidad. Solo imaginando el destino es posible trazar una línea sobre la que empezar a caminar.

Somos de donde venimos y donde estamos, pero también de adonde nos dirigimos.

Tenemos interiorizado que somos la suma de nuestro pasado y nuestro presente —«Yo soy yo y mi circunstancia», decía Ortega—, pero somos más que eso. A la suma de pasado y presente hay que añadir una parte de nuestro futuro: la parte imaginada. Aquello que aún no es, pero que podría llegar a ser también es parte de nosotros. Si bien somos nuestra realidad, también somos nuestros sueños.

Piénsalo de esta manera: una bellota, ¿es solo una semilla o también es una encina?

Nuestra vida está compuesta de dimensiones: largo, ancho y alto. Así, el pasado sería el largo (lo vivido); el presente, el ancho (lo aprendido) y el futuro, la altura (lo imaginado). Una vida plana es aquella que se compone de dos dimensiones (largo y ancho), pues solo existen pasado y presente. En una vida más rica, la de tres dimensiones, existe además, el futuro (altura). Somos tan anchos y largos como nuestra realidad, y tan altos como nuestros sueños.

Viento para nuestras velas

Si no ardes por algo o alguien, si nada te sacude hasta el alma, si apenas te llega el entusiasmo; vas mal, algo te detiene. Vives a medias.

WALTER RISO

Lo peor que puede sucederle a un marinero, más allá de una tempestad, es quedarse sin viento en mitad de la mar. Sin una fuerza que empuje las velas, todo barco permanece a la deriva.

Detrás de la afirmación «me pasa algo pero no sé lo que me pasa», lo que suele pasar es que no pasa nada. Valga este pequeño lío. Si bien el amor es suficiente —como dicen— para mover el mundo, su ausencia es capaz de hacer perder toda fuerza y todo ánimo. La apatía, así como algunas formas de depresión, no es otra cosa que la falta de un amor.

Quien ama algo, lo busca, lo persigue y lo pelea. Puede alcanzarlo, disfrutarlo, o incluso sufrirlo, pero nunca permanecer parado o sentir que «no le pasa nada». No existe deriva para los amantes. Quien, por otra parte, no tiene un amor, sucumbe ante uno de los mayores enemigos del ser humano: el aburrimiento (o, lo que es lo mismo, la falta de viento).

De la misma forma que le ocurre a nuestro barco, le ocurre a la bicicleta. Solo el movimiento la mantiene en pie. Si pedaleas, avanzas; si no, te caes. Necesitamos el movimiento para sostenernos y necesitamos una fuerza para movernos. Esa fuerza es la pasión.

Quien no tiene intereses jamás será interesante.

Tener un amor no quiere decir (necesariamente) vivir enamorado de una persona. Nuestro amor puede ser una afición, un arte, una vocación… En palabras de Jorge Bucay:

(Cuando entra alguien con depresión) les digo que no necesitan un antidepresivo; que lo que realmente necesitan es un amante. (…) A veces a nuestro amante lo encontramos en nuestra pareja, en otros casos en alguien que no es nuestra pareja. También solemos hallarlo en la investigación científica, en la literatura, en la música, en la política, en el deporte, en el trabajo cuando es vocacional, en la necesidad de trascender espiritualmente, en la amistad, en la buena mesa, en el estudio, o en el obsesivo placer de un hobby. En fin, es «alguien» o «algo» que nos pone de «novio con la vida» y nos aparta del triste destino de durar. ¿Y qué es durar? Durar es tener miedo a vivir.

Hoy en día estamos sobrados de placeres de usar y tirar pero faltos de amores que disfrutar y repetir. Por esta razón, es importante no confundir pasión con diversión, del mismo modo que es importante diferenciar placer y felicidad. Mientras que la diversión no es un motivo que pueda dotar de sentido una vida, una pasión sí lo es. Algo divertido resulta un destello, algo que empieza y termina sin llevarte a ningún lado; algo apasionante te conecta con el mundo de forma ilimitada, orienta tus pasos y te hace caminar.

A quien no tiene una pasión le sobran las horas, divaga y corre el riesgo de perder la motivación. Por otro lado, a alguien enamorado, lejos de sobrarle las horas, le faltan, y pronto se las empieza a robar al sueño. Un enamorado no quiere dormir, quiere estar despierto, ¡vivir!

La gente apasionada duerme poco.
Todo amante o madruga, o trasnocha.

La excesiva preocupación y absorción en nosotros mismos puede hacernos perder la perspectiva. Necesitamos encontrar intereses externos que vayan más allá de puntuales momentos de diversión. Como dice Bucay, ¡ennoviémonos con la vida! Existen infinidad de aventuras, personas y causas de las que enamorarse. El amor no llega con una flecha de cuando en cuando. El amor es una actitud: el amor es ser arquero. Por muy rica que sea nuestra vida interior, nunca será más rica que la oferta del mundo exterior. Siempre hay una razón a la que sujetarse para hacer de la vida un paseo apasionante.

No existen momentos aburridos y momentos *divertidos*, existen personas abatidas o personas enamoradas. En cada situación puedes encontrar motivos para ser feliz o para no serlo. Lo importante es a cuáles decides aferrarte.

La vida no es nada en sí, sino lo que en ella ocurre, un recipiente que hay que llenar. Hoy (a secas) es un significante que no tiene significado… pero puede llegar a tenerlo. Esa es nuestra misión. Hoy puede ser un café caliente, tus ganas de verle o nuestra excursión al faro. Puede ser reunirse con los amigos o escalar aquella montaña que siempre dijiste que escalarías. Hoy es solo un continente al que tú añades contenido.

Bajo la luz de las estrellas

> He llegado por fin a lo que quería ser de
> mayor: un niño.
>
> JOSEPH HELLER

Cuando somos niños, soñamos con hacer cosas extraordinarias. Imaginamos a lo grande y nos situamos allí. Todo nos parece posible y el presupuesto de nuestras pretensiones no escatima en gastos: no queremos ser un futbolista, queremos ser el que marca el gol de la final; no queremos ser un cantante de bar o el que crea corrillos en su plaza mayor, queremos ser el que llena los estadios. Después, cuando pasan los años, crecemos convencidos de que madurar es aprender «cómo son las cosas» y damos con ello el primer paso hacia un desmedido realismo: lo que de pequeños dibujamos como mundos de posibilidad, de adultos lo interpretamos como universos de fantasía.

La imaginación de un niño no siempre invoca imposibles. En la mayoría de las ocasiones solo crea una amplificación de lo que en la realidad sí es factible. Negar por completo el sueño de un niño es como contemplar una estrella solo observable a través de un telescopio y, tras retirar la vista de la lente, decir: «Esa estrella no existe». Así pues, la diferencia entre el mundo del niño y el mundo del adulto no es la estrella, sino el telescopio.

Resulta fácil desmontar con argumentos las ilusiones de un niño. Sin embargo, no lo es tanto hacer desaparecer por completo su rastro. Se trata de sueños que, analizados desde la razón, pueden hoy, junto a una sonrisa bondadosa, parecer una tontería. Pero no lo son. Lo que en realidad ocurre es que al hacernos mayores tomamos conciencia de la dificultad de las cosas y de que aquello por lo que verdaderamente podemos luchar no es tan grande como creíamos. En cualquier caso, la dificultad de abrazar una gran meta no implica que no debamos pelear por ese trocito de parcela que sí podemos conquistar.

El mundo no es solo para los *mejores*, es para todos.

Decía Voltaire que «lo mejor es enemigo de lo bueno», y no le faltaba razón. Una elevada exigencia sobre nuestras actividades, lejos de extraer lo mejor de cada uno, aviva el temor al fracaso o a no ser lo suficientemente *buenos*, ahogando nuestros sueños en un mar de oportunidades perdidas. A mayor exigencia externa, mayor riesgo de quedar paralizados. El perfeccionismo, en lugar de ser clave alguna de éxito, es una zancadilla en el camino al logro que solo evidencia el temor a no estar *a la altura* y no colmar las expectativas de los demás. No hace falta ser el *number one* o entrar en *El paseo de la fama* para sentirnos realizados. Basta con hacer lo que podamos.

Aunque es nuestra misión intentarlo y dar lo mejor de nosotros, no siempre podremos alcanzar las cimas que un día deseamos. No obstante, esta no es razón para abandonar y, mucho menos, para dejar de disfrutar una pasión.

Tal vez no puedas llenar una plaza y cantar delante de diez mil personas, pero seguro que puedes cantar mil veces delante de diez.

Hacer lo que te gusta no necesita el permiso de la maestría. Tienes derecho a hacer lo que amas sin importar que lo hagas bien o mal.

No se trata de ser una estrella, sino de sacar tanta luz como tengas.

El día que decides conquistarte

> Hay una fecha de caducidad para dejar
> de culpar a tus padres por orientarte en la
> dirección equivocada: el momento en que
> eres lo suficientemente mayor para coger
> el volante, la responsabilidad reside en ti.
>
> J. K. ROWLING

Desde que nacemos hasta que maduramos no son pocos los hilos que nos cosen al entorno. Una parte importante de que así sea viene escrita en nuestra naturaleza. Hoy sabemos que de todas las especies animales,
el ser humano es la que más tarda en madurar en términos físicos. Mientras que la mayoría de las especies
nacen dotadas de una serie de capacidades innatas que
les permiten desarrollarse con independencia, el ser
humano necesita aprenderlas de su entorno en un pro-

ceso mucho más lento. De esta manera, uno de los primeros mensajes que interiorizamos desde pequeños es que para sobrevivir dependemos de la existencia de otros.

A medida que crecemos y aprendemos a valernos por nosotros mismos, la noción de dependencia no desaparece, sino que se transforma. Quizá ya no dependamos de unos padres para comer o darnos *refugio*, pero sí de otros elementos que afectan a nuestra autoestima, como pueden ser el cariño, unas buenas palabras o la realización de nuestros objetivos.

Así pues, el camino hacia la madurez no solo pasa por el desarrollo de nuestras facultades físicas, sino por la conquista de nuestra independencia. Para ello, es necesario hacer frente a algunas ataduras que nos atrapan e impiden que nos convirtamos en seres provistos de plena libertad.

Conquistar las opiniones

Pocas cosas hay más complicadas que librarse de las opiniones de los demás. Aunque lo *ideal* sería decir que nada de lo que otros digan debe afectarnos, lo cierto es que no dejamos de ser personas que se sienten refugiadas con el cariño y el reconocimiento e incómodas con la infravaloración. El ser humano es un animal de abrazos.

Conquistar las opiniones es aceptarlas sin que afecten a tus ambiciones; es ser consciente de que, aunque todo el mundo es libre de expresarse, cualquier libertad manifestada en un mundo compartido tiene su límite. Por este motivo, es necesario saber distinguir cuándo escuchar y cuándo desoír, cuándo apartarse de las opiniones y cuándo de las personas.

La opinión de los demás acaba donde empieza tu sueño.

Conquistarse es, en definitiva, saber plantarse, no dejarse vencer por las palabras o sentimientos de otros y, ante tus ilusiones, no dar nunca más valor a lo que otros crean que a lo que tú crees.

Conquistar el pasado

A pesar de que nos ha tocado vivir en una época con muchas más comodidades, recursos y posibilidades que en generaciones anteriores, es extraño encontrar vidas que no hayan tenido un pasado con limitaciones, dolores u otros obstáculos como épocas de crisis, enfermedades, pérdidas de algún familiar, divorcios, padres opresivos, etc. Con todo, y por mucho que pueda condicionarnos el pasado, siempre hay un pequeño espacio sobre el que imponerse.

La libertad es evitar que tu pasado prediga tu futuro.

Comprender tu historia y dejar de responsabilizar a tus circunstancias requiere un coraje y un valor extraordinarios. Pocos gestos hay más nobles que saber mirar atrás para perdonar a quien haya que perdonar, olvidar y seguir adelante.

El perdón es cambiar en el presente la lectura que le damos al pasado. Todo libro viejo es uno nuevo cuando tú eres otro.

Conquistar tus deseos

Si creáramos un *Diccionario de uso de frases antónimas*, para muchas personas, lo contrario de «qué bueno soy» sería «qué mala suerte tengo».

Las excusas se han convertido en el mejor aliado del inmovilismo. En lugar de aprovechar la oportunidad de vivir verdaderas aventuras, hemos asentado el campamento en la queja y no en la acción. «La culpa siempre es de los otros», «Este país va mal a causa de los políticos», «Es que el árbitro…», «Ya, pero es que poca gente puede vivir del arte», etc.

Las dificultades siempre van a estar presentes a lo largo de cualquier empresa que persigamos. Sin embargo, eso no es razón para dejar de intentarlo. Conquistar tus deseos no tiene que ver con lograr los objetivos, sino con cumplir tu parte… *y allá lo demás.*

El *logro* es siempre un premio pequeño al lado del mérito de ir tras lo que se desea, pues nunca somos tan responsables de lo que conseguimos como lo somos de nuestra dignidad.

Conquistarse es dejar de echar balones fuera, coger la pelota y decir «este penalti lo tiro yo».

Conquistar tus miedos

El miedo es un eterno rival. Más un compañero de viaje que *alguien* de quien tratar de deshacernos. Sea cual sea la etapa o proyecto de nuestra vida, siempre hace acto de aparición de una u otra manera. Por esta razón, imponerse a los miedos no es lograr que estos desaparezcan —somos humanos y no es nuestra misión dejar de serlo—, sino seguir a pesar de ellos. Conquistar tus miedos es no quedarte en tierra porque temes volar. Es abrirte a *la zona de inconfort*. Es mirar al marcador y ver: *Temblores 1, Yo 2.*

No hay mayor conquistador que quien se conquista a sí mismo.

De todos los días del calendario, hay uno que es *especialmente especial*. Es el día en que descubres que, a pesar de todas las fuerzas que te han enviado hasta ahí, puedes dirigir tu camino. Es el día en que decides no culpar a los demás y pasar al asiento delantero. Ese día te olvidas de lo que deberías ser o lo que esperan de ti, les perdonas, les comprendes y sigues tras la persona en la que tú realmente te quieres convertir. Ese día dejas de vivir a rebufo de los demás, abandonas la comodidad del vagón, y empiezas a diseñar un mundo mucho más rico: tu mundo. Es el día que decides conquistarte.

¿Cómo se llama tu película?

El mundo entero se aparta cuando ve pasar a alguien que sabe adónde va.

ANTOINE DE SAINT-EXUPÉRY

A lo largo de tu vida encontrarás a un tipo de personas que desprenden verdadera magia. Es posible que ya conozcas a algunas de ellas. Son aquellas que en su interior guardan una historia que contar. No momentos, sino una historia. (Es importante que distingamos esto, pues una historia se compone de momentos, pero no todos los momentos hacen una historia.) Estas personas son, por lo general, dueñas de vidas fascinantes. Siempre están haciendo algo y siempre tienen algo por lo que *pelear*. Suelen hablar aceleradas y sus ojos brillan como si sus retinas no fueran espejo de la luz de fuera, sino ventana a una luz que hay dentro. Con todo, lo que realmente diferencia a este tipo de personas es que saben *de qué va* su vida. Al igual que ocurre con las películas, poseen un título que da nombre y sentido a toda su historia.

Y tu vida, ¿de qué va?

El ser humano está hecho para sobrevivir, no para ser feliz. Para lo primero estamos programados; para lo segundo hay que hacer un pequeño *hackeo*. Quien quiera entrar en el juego de la felicidad y aspirar a sus frutos debe asumir ciertas responsabilidades no incluidas en el juego de sobrevivir. Una de ellas es la creación de sentido.

Somos la mezcla entre biología y biografía. Una parte te viene dada, la otra la escribes tú.

Cualquier historia, ya sea personal, literaria o cinematográfica, está formada —además de por un título— por una introducción, un desarrollo y un desenlace. En el caso de una historia personal, la primera y la última están claros: ni pedimos permiso para llegar, ni solemos comprar el billete para irnos. Sin embargo, entre el nacimiento y la muerte, queda la parte más importante, la que da valor al inicio y dignidad al desenlace. Aquella en la que sí podemos influir: el desarrollo.

Para poder influir en el desarrollo y convertirnos en directores de nuestra historia es necesario tomar el control sobre nuestro guion. Es decir, tener una perspectiva general sobre la trama de nuestra película para que ninguna escena quede aislada.

A la hora de escribir nuestro guion, podemos hacerlo de dos formas: como una serie de capítulos independientes o como una película. Esto es, vivir de momentos o vivir una historia. La elección que hagamos puede marcar la diferencia entre la aspiración a una existencia placentera y divertida o a una feliz y plena. En nuestros días lo habitual es optar por la primera vía. Vivimos en la sociedad de lo efímero, de lo nuevo, de lo desechable y de momentos de usar y tirar. Una vida que se parece más a un *picapica* que a una buena comida con primero, segundo y postre. Buscamos y tenemos muchas experiencias y momentos, pero desconectados entre ellos. Es la sociedad del hedonismo, el individualismo y la búsqueda del placer subjetivo. Optar por la segunda vía no conlleva experimentar menos momentos o hacerlo de manera menos intensa, sino conectarlos entre sí. Es hacerse consciente de que una historia son momentos conectados.

El sentido es un hilo que cose nuestros momentos para bordar una historia.

Al elegir un título para nuestra película creamos un sentido que nos permite conectar los momentos y convertir nuestra vida no en una suma de instantes, sino en una experiencia unificada. Únicamente bajo un título podremos eliminar las *tomas falsas* de nuestra historia y disfrutar de un guion inolvidable para nosotros y todo aquel que vea nuestra película.

Dotar a la vida de un sentido es lo que diferencia existencia y vida, momento o historia, trascendencia u olvido. Es lo que define si eres capitán o barco, veleta o viento. Es, en resumidas cuentas, la respuesta a «qué pinto yo en este alboroto llamado mundo».

Toda vida ordenada necesita un título. Hay para quien su vida se titula *Creciendo* y hay para quien se llama *Familia*. Para algunos su vida se llama *Crear* y para otros *Divertirse* o *Ayudando a los demás*. Pueden existir tantos títulos como personas, pero cada cual debe crear el suyo.

Y para ti, ¿cuál es esa frase que resume (casi) todo lo que haces? ¿Cómo se llama tu película?

Las cosas claras

Érase un asno hambriento que tenía a su
alcance dos haces de heno iguales y equi-
distantes. Indeciso, el asno miraba a la
izquierda y veía un montón de heno, miraba a la derecha y veía otro montón idén-
tico, y como los dos le atraían con idénti-
ca fuerza no sabía inclinarse por ninguno
de ellos. Finalmente, el asno acabó mu-
riendo de inanición por no decidirse a
comer de ninguno de los dos montones.

Filosofía para burlones,
PEDRO GONZÁLEZ CALERO
(fábula del asno de Buridán)

Cuando Alejandro Magno desembarcó en el siglo IV a.C.
en la costa fenicia, pudo comprobar cómo las tropas ene-

migas eran tres veces superiores en número. Ante el temor de su ejército, Alejandro decidió quemar todas sus naves, eliminando así cualquier forma posible de volver o mirar atrás. Ahora solo quedaba una opción: pelear. «Soldados —dijo el rey macedonio a sus tropas mientras veían arder sus embarcaciones—, cuando regresemos a casa, lo haremos de la única forma posible, en los barcos de nuestros enemigos.»

Aunque en apariencia ansiamos la libertad, lo cierto es que nos sentimos más cómodos obedeciendo. Si solo tenemos una opción, «la *culpa* es del mundo», pero si las opciones son varias, el responsable eres tú. La responsabilidad es una carga que no está hecha para todas las espaldas.

Cabría pensar que a mayor variedad de oportunidades, mayor libertad y, con ello, mayor felicidad. Sin embargo, esto no siempre ocurre así. Ahora tenemos muchas más opciones de disfrute que en otros tiempos, pero no por ello disfrutamos más. Frente al ideal de poder elegir entre una gran variedad, aparece el coste de oportunidad y la sensación de que, se elija lo que se elija, siempre nos dejaremos algo. Lejos de acercarnos a un mundo de riqueza, un exceso de opciones nos confunde y nos paraliza en el momento de la elección.

¿Sería por ello deseable que hubiera menos opciones y oportunidades? De ninguna manera. Lo deseable es descubrir con claridad aquello que queremos. No se trata de empobrecer el mundo, sino de enriquecernos a nosotros. Cuando el objetivo es desarrollarse, la solución no estriba en elegir lo que es más fácil, sino en aprender a desenvolverse en lo difícil. Identificar lo que amamos y aquello en lo que creemos supone el mayor alivio ante la angustia de la elección.

Para aprender a decir NO, debes saber a qué quieres decir SÍ.

Una persona puede tener muchas opciones, pero si no sabe lo que quiere será esclavo de su propia ignorancia, y ante cualquier oferta quedará insatisfecho y angustiado, pues nunca sabrá si su elección era la mejor. «¿La mejor para qué?» La verdadera libertad necesita del autoconocimiento. Esto es: saber qué quiero, saber en qué creo y saber qué amo. Alguien que tiene sus creencias, gustos e ideales claros no tiene que preguntarse ante cada disyuntiva qué camino tomar, del mismo modo que una persona enamorada no siente cuando mira a su pareja que haya alguien mejor a quien mirar. Sabe lo que ama y no hay más. Para quien de verdad conoce lo que quiere no existe coste de oportunidad, y por ello será capaz de tomar sin dubitaciones la opción que más le acerque a sus prioridades.

A través del autoconocimiento tomamos conciencia de cómo funcionamos y nos hacemos conscientes de nuestros valores. Solo en ese momento es posible establecer una jerarquía capaz de separar lo importante de lo intrascendente, así como de ordenar nuestros deseos en una escala de prioridades. Una vez nos conocemos, solo nos queda obedecer a nuestros propios dictados. No se trata, por tanto, de una obediencia negativa que nos ponga al servicio de factores externos o impuestos, sino de una sana esclavitud que obedezca a lo más profundo de nuestro corazón. Como dijo Cicerón, «para ser completamente libre hay que convertirse en esclavo de las leyes». De tus propias leyes: tus valores.

Vivir de acuerdo a valores es establecer una frontera entre lo que vale y lo que no; es tomar el control. Dado que es imposible abarcarlo todo, el desafío está en decidir qué descartamos y con qué nos quedamos. En un mundo tan rico como inabarcable, la libertad no es vivir sin muros, sino elegir las paredes entre las que construir tu hogar.

Libertad no es la ausencia de límites, sino cuando los límites te los pones tú.

Amar, elegir lo que se ama y comprometerse con ello. Ahí reside el secreto. Cuando esto está claro, no hay lugar para la contradicción ni para que lo que se dice, se siente y se hace vayan por diferentes derroteros. Cuando sabemos quiénes somos, qué es valioso para nosotros y en qué creemos, no existe espacio para la duda o la parálisis ante una elección o para el lamento o la insatisfacción tras ella. Actuar por amor es la mejor garantía para acertar.

Nunca antes hemos dispuesto de tantos recursos y opciones a nuestro alcance. El conocimiento de nosotros mismos, el amor y la vida en los valores son los únicos requisitos capaces de invertir los inconvenientes de la elección y poner la inmensa riqueza de oportunidades a nuestro favor.

La libertad, más que la capacidad de elegir, es la capacidad de crear el escenario adecuado para vivir en torno a aquello que amamos. Más concisamente: la máxima expresión de la libertad no es elegir, es amar.

El guardián de tu vida

No basta con saber (capacidades) y querer
(motivación), sino que también hay que
poder (contexto).

Francisco Alcaide

Si tuvieras algo muy, muy valioso, ¿qué harías con ello?
¿Lo dejarías expuesto al alcance de cualquiera que te lo
quisiera arrebatar o lo cuidarías y protegerías hasta el último aliento?

Si tu opción es la segunda, entonces, la nueva pregunta
es: ¿lo haces realmente?, ¿cuidas lo más preciado que tienes? En otras palabras: ¿eres el guardián de tu vida?

Desde que nos levantamos hasta que nos acostamos, estamos expuestos a innumerables interacciones que condi-

cionan nuestro carácter y moldean la persona en la que nos convertimos. Como si de espejos se tratara, somos —en gran medida— reflejo de aquello que nos rodeamos. Nadie es ajeno a su contexto: cada medio que consumimos, cada lugar que frecuentamos o cada persona con la que conversamos, ejerce una influencia directa sobre la manera en que pensamos, sentimos o nos desenvolvemos. Por este motivo, la primera misión que tenemos como guardianes de nuestra vida es cuidar y velar por la calidad de todo cuanto configura nuestro entorno.

Autoedúcate

Si todos estamos hechos de la misma *pasta*, ¿cómo es posible que unos lleguen tan lejos y otros apenas parezca que han salido? La respuesta está —en un gran porcentaje— en el entorno.

En aras de nuestro crecimiento, el entorno funciona como un campo de cultivo. En él, no basta con ser buena *semilla*, sino que es preciso, además, contar con un ambiente favorable:

La diferencia entre una secuoya de 80 metros de alto y una de 20 no está en la semilla, sino en la calidad de la tierra de que disponga, la cantidad de agua que reciba y la lumi-

nosidad del sol a la que se exponga. A mejores condiciones, mayor altura.

Mira a tu alrededor. ¿Qué estás permitiendo que entre en tu vida? ¿Con qué nutrientes estás alimentando tu *semilla*?

En general, somos poco conscientes de la cantidad (y calidad) de información que entra en nosotros, así como de su impacto en nuestro desarrollo. Cada vez que encendemos el televisor, la radio o cada vez que compramos un periódico estamos consumiendo unos contenidos preparados a gusto y opinión de los medios que lo producen. Esto no es suficiente. Para crecer hasta lo más alto no vale con vivir a expensas de *lo que venga*. Es necesario tomar las riendas de nuestra propia educación. En este sentido, ser guardián de nuestra vida es actuar como filtro y dique de contención ante los *inputs* que recibimos del exterior: NO a tanta basura. NO a tanta estupidez. NO a aquello que nos empobrece.

El mismo aire que inspiramos es el aire que espiramos.

Una vez hemos detectado y distanciado de nuestra vida las fuentes de información que nos empobrecen, el siguiente paso es elegir aquellas que puedan enriquecernos. (Crecer es una suma de alejamientos y acercamientos.) Aquí reside uno de los secretos de las personas que alcanzan las cotas más altas. A diferencia del resto, estas no se conforman con los contenidos enlatados que se ofrecen en los medios de comunicación y que consume todo el mundo. Ellos traspasan la línea de la generalidad y se apoderan de su formación. Leen, viajan, indagan, asisten a eventos culturales, hablan con personas diferentes, escuchan… En resumen, no esperan a que el entorno les diga cómo deben ser, sino que eligen sus propios mimbres y se construyen a sí mismos.

A todos nos gustan las personas interesantes. Nos encantan aquellos que han viajado, los que leen, los que tienen aficiones, los que tocan instrumentos, los que hablan idiomas… En definitiva, nos cautivan aquellos que a base de esfuerzo y pasión han convertido sus vidas en historias fascinantes. No hay duda de que a todos nos gustaría tener a nuestro lado personas así, pero ¿y tú?, ¿eres una de ellas? ¿Eres una persona interesante?

Nuestro entorno condiciona nuestro crecimiento, pero somos nosotros los que elegimos el entorno. Por esta razón, quienes son capaces de generar y dibujar a su alrededor un contexto a la altura de sus objetivos cuentan con una gran ventaja sobre el resto y, sobre todo, con una gran ayuda para sí mismos.

Elige tu equipo

Si de pequeño jugabas al fútbol, recordarás bien cómo se formaban los equipos: antes de cada partido, dos de los jugadores —generalmente los *mejores*— llevaban a cabo algún tipo de sorteo para decidir quién empezaba eligiendo. Quien ganaba, lo hacía primero; el que perdía, después. Así, por turnos, iban seleccionando uno a uno a cada integrante de su equipo. Aunque algunas veces se elegía por amistad, lo cierto es que en la mayoría de las ocasiones se hacía por *calidad*. Dado que ninguno quería perder, la fórmula preferida solía ser la siguiente: «los-mejores-en-mi-lado».

De alguna manera, nuestra vida no deja de ser un partido donde, a diferencia de lo que sucedía en el patio del colegio, ganar no consiste en imponerse sobre los *rivales* en un sentido estricto, sino en llegar a ser y alcanzar aquello que deseamos. Si ya de niños buscábamos disponer de los mejores jugadores, ¿por qué no hacerlo ahora? ¿Por qué no crear un equipo ganador?

Tu vida es tan grande como las personas que *colocas* a tu lado.

Crear un gran equipo no es solo el resultado de elegir adecuadamente de quiénes nos rodeamos, sino también de quiénes prescindimos. Esta segunda parte es, con toda seguridad, la menos agradable y, por tanto, en la que más firmes y exigentes hay que mostrarse. Para los guardianes de su vida no vale cualquier *cosa*. Por este motivo, es necesario hacer una pausa para revisar a quiénes estamos entregando nuestro tiempo y desvelar en qué medida estas personas nos impulsan o nos frenan en el camino hacia nuestras metas.

> *Quizá no podamos alcanzar la luna por nuestros propios medios, pero sí podemos rodearnos de tres tipos de personas: las que no nos digan que es imposible, las que quieran venirse con nosotros y las que, con sus conocimientos, nos ayuden a construir nuestro cohete.*

Cada vida lleva una velocidad y un destino diferente. Renunciar a nuestro rumbo por seguir al lado de las personas con las que comenzamos el viaje puede suponer el fin a nuestros sueños. No se trata de hacer una ruptura radical o definitiva con quienes un día fueron compañeros de vagón, sino de aprender que en el viaje de la vida hay personas que son solo *tramo* y otras que, además, pueden llegar a compartir *destino*.

Cuando tras el *sorteo* te toque elegir, aprovecha la oportunidad. Elige a aquellos que, como tú, sueñan. Elige a los valientes, a los apasionados, a los curiosos y a aquellos que dejan que sea el amor el que gobierne su vida. En definitiva, deja a un lado a los *muermos* que prefieren quedarse anclados a una existencia *pequeñita* y rodéate de aquellos que dibujen en sus ojos mundos de posibilidad. Recuerda: «los-mejores-en-tu-lado».

Sal con un valiente

> No existe hombre tan cobarde como para
> que el amor no pueda hacerlo valiente y
> transformarlo en héroe.
>
> PLATÓN

El mensaje es claro: sal con un valiente. Esto no quiere decir que intentes, a ser posible, salir con un valiente, no. Quiere decir que salgas con un valiente. Con un valiente o nada.

Nadie debería enamorarse de alguien que, tras el tiempo suficiente, no sea capaz de decirte: «Mi apuesta eres tú». *All in*. Todo el mundo merece escuchar, al menos, un «¿sabes qué?, me la juego contigo».

Al igual que tú, he visto a personas reaprender un deporte tras perder algunas partes de su cuerpo; he visto a gente trabajar meses sin cobrar para acercarse a su sueño; y he visto revolucionar la ciencia a un hombre que no puede vocalizar ni coger un lápiz… Y aun así, siempre hay alguien que dice: «No, es que no es mi momento», «Es que estoy centrado en mi trabajo», «Es que salgo de una relación» y demás excusas para llevarse el polvo pero dejar el mueble. Si hay amor se encuentra la manera.

Vivimos en una época donde no hay dragones que matar ni tierras que conquistar, y donde el acceso a recursos y las oportunidades son tan abundantes que saber lo que se quiere e ir tras ello constituye el único espacio para el heroísmo. Hoy, el (principal) problema no es que no se pueda, sino que no se quiera lo suficiente. La mayoría de las cosas que no hacemos no es por dificultad, es por falta de amor.

La valentía es uno de los valores más grandes que puede tener un ser humano. Un valiente arriesga, elige, toma partido, se hace responsable y crea su destino. Es el capitán de los optimistas, pues no solo ve lo bueno sino que lo persigue sin negociar. Una persona así solo puede hacer tu vida más rica.

Como le gusta decir a Álex Rovira, «el coraje, más que la ausencia de miedo es la consciencia de que hay algo por lo que merece la pena que arriesguemos. El coraje es la fuerza del amor al servicio de la consciencia». Y es que coraje y amor son atributos que se ven en el espejo: el que ama, arriesga y el que arriesga, ama.

Detrás de alguien que arriesga hay alguien que ama.

Cuando no sepas dónde están esos valientes, fíjate en los que dicen *sí* cuando dicen *no*, pues detrás de alguien que renuncia hay una persona que elige, detrás de alguien que elige hay una persona que arriesga y detrás de alguien que arriesga hay una persona enamorada. Donde hay un valiente, hay un amante.

Lo que diferencia a alguien valiente de un «cobarde» es que no se queda parado ante la bifurcación pensando en lo que pierde o en lo que renuncia, sino que ve en ti una victoria y ganancia suficientes como para no tener que mirar atrás. No se echa a un lado pensando que siempre puede venir algo mejor, porque acepta que el mundo es imperfecto, que tú lo eres… que los dos lo sois. Sabe que lo importante no es ni la *realidad*, ni lo que hay, sino lo que podéis llegar a crear, y para eso no hace falta ser perfectos, hace falta ponerse manos a la obra.

Una persona valiente no está pensando en las chicas o en los chicos que deja escapar, está pensando en ti. Eres su apuesta y su elección, y cualquier otro lugar le parece *segunda división*.

Nunca verás a un valiente haciendo una lista de pros y contras, porque para ellos el amor no es un mercado ni tú un producto más. Las decisiones racionales las deja para los yogures o las hipotecas, nunca para sus sueños. Nadie se hizo rico apostando pequeñas cantidades.

Es muy difícil encontrar a un valiente con el traje impoluto.

Si lo piensas bien, muchos de los dolores de cabeza amorosos que has tenido podrían haberse evitado saliendo con un valiente. Así que, la próxima vez que vayas al *mercado* de parejas de viaje, solo tienes que abrir los ojos y mirar de una forma que quizá no hayas hecho antes: en lugar de buscar por la categoría *belleza*, *profesión*, *estudios*, o *dinero*, busca por la categoría *sé quién soy / sé qué quiero*. Desconfía de lo pulcro, los cánones y lo resplandeciente, y fíate de la sangre y lo sucio, pues los valientes están llenos de arañazos y cicatrices, aunque a veces no se vean.

Los valientes se baten el cobre, son los que bajan a la arena y se la juegan porque esa aventura «no se la pierden».

Un valiente no entiende la estúpida forma que tiene la cultura de entender la pérdida o la ganancia, pues cree que no se le puede exigir nada a alguien que lo ha dado todo. Un valiente sabe que lo único que se puede perder en la vida no es una pareja, un partido o un sueldo. Un valiente sabe que lo único que verdaderamente se pierde en la vida son oportunidades.

Lo que quieres o nada

La huida no es cobardía si de lo que
escapas es de aquello que no quieres ser.
A veces, correr es de valientes.

ELVIRA SASTRE

No trates de encontrarlo en una discoteca. Tampoco en el trabajo o entre los amigos de tus amigos. Olvídate de *Tinder, Meetic, Badoo* o *Match*. Y, por supuesto, deja de esperar a que «se aclare» tu ex. El amor de tu vida no está en ninguno de esos sitios ni en ninguna de esas personas. El amor de tu vida eres tú.

Deberíamos nacer con un contrato que nos recordara que somos merecedores de lo mejor, y que cualquier decisión importante que tomemos, si va en contra de nuestro crecimiento, es indigna de nosotros. Todos merecemos que nos quieran y que nos traten con respeto, aunque siempre habrá quien no lo haga. Sobre eso, poco podemos hacer. Ahora bien, hay algo en lo que nadie podrá nunca interferir: nuestra elección de quién y qué nos rodeamos. Para quien quiere compartir viaje, hacerlo con una persona buena, valiente y que nos ame tal cual somos no es solo un regalo que disfrutar si *te toca*, ni tampoco es solo un derecho, es una obligación con uno mismo.

Lo que quieres...

Quizá te suene esta historia:

> Hace un tiempo conocí a una persona, pero tengo la sospecha de que no es un valiente. Últimamente está algo distante y dice que se tiene que replantear las cosas. No sé qué hacer para que me quiera. Lo he intentado todo. ¿No es eso lo que hace una persona enamorada? Sí, definitivamente creo que no es un valiente. Historia no pocas veces acompañada de un «¡qué mala suerte tengo!».

La pregunta importante no es si te quiere. La pregunta importante es «Y tú, ¿qué quieres?». Definir aquello que buscamos es el primer paso para poder encontrarlo. Cuando no somos firmes en esto, nos pasa como cuando vamos a IKEA sin una lista o las cosas claras: volvemos con el carro lleno, poco de lo que necesitamos y los bolsillos vacíos.

Cualquier cosa vale para quien no sabe lo que quiere.

Señalar a la otra persona como responsable de nuestra insatisfacción es síntoma de falta de autocontrol y dominio sobre nuestra propia vida. Si, tras un tiempo considerable, lo que ves no te gusta, déjalo o aléjate, pero no rebajes tus preferencias. La sencillez está muy bien para la vida material, pero cuando se trata de buscar pareja no vale con un Seat Panda. Tu corazón debe viajar, cuando menos, en Ferrari.

... o nada

Si el primer paso es saber lo que se quiere, el segundo es no negociarlo. A diferencia de los objetos, las personas no tenemos precio, tenemos valor. Por eso no funcionamos como las leyes del mercado: ni existen los regateos, ni hay momento para rebajas, ni podemos sacar a la venta nuestros sueños.

No negociar significa estar dispuesto a quedarse sin nada... pero también a aspirar a todo. No tienes por qué perder cachitos de aquello que deseabas para tu vida. Una pareja, como cualquier persona de la que elijas acompañarte, debe multiplicarte, hacerte crecer y nunca empequeñecerte. Equipo o nada. Cuando no eres exigente te estás quitando valor y poniendo precio. Le estás mandando al mundo el mensaje de que contigo se puede negociar. Y no solo eso, sino que mientras más bajo pongas tu *precio*, más barato te intentarán *comprar*. Es la rueda de la devaluación: si tú no te valoras, no te van a valorar.

Para muchas personas, la soledad es un miedo que condiciona su vida hasta el punto de conformarse con cualquier *cosa* que alivie su vacío. (Siempre que no llenemos nuestra vida de amor propio vamos a sentir una falta.) Pero el peor vacío que podemos sufrir no es el de la ausencia de personas, sino el de la presencia de las personas equivocadas.

En el universo de la dignidad, la soledad es el refugio de las personas exigentes.

Si culpar a los demás no tiene sentido entre los capitanes de su vida, menos lo tiene culpar al amor. «Ya, pero es que le amo —decimos—, no puedo evitarlo.» Vestimos al amor de trajes que no le corresponden para esconder tras él nuestras flaquezas. El nombre correcto para un comportamiento en el cual somos incapaces de renunciar a algo —aun sabiendo que es perjudicial para nuestro bienestar— no es amor, sino adicción, apego o dependencia. *Amar* algo que es fuente de nuestro sufrimiento atenta contra el amor propio, el cual es el fundamento del propio amor. Recuerda: el amor es siempre cura, nunca causa de enfermedad.

¿Y si en lugar de aferrarte a esa persona porque «ya, pero es que la quiero», la dejas ir y cuando sufras dices «ya, pero es que me quiero»?

La vida es demasiado rica como para llenar nuestros bolsillos de personas y vivencias deslucidas. Si no llega lo que tú quieres, disfruta de la infinidad de placeres que cada día se te presentan en bandeja. Sírvete de los amigos, de la naturaleza, de tus aficiones o de tu intimidad, pero nunca le gires la cara a la vida. Pídele tanto como sientas merecer y sé paciente, porque cuando tu tren pase a buscarte, *no puede* encontrarte en el andén equivocado. Aprende a aguardar tu momento.

Nuestro valor es tan alto como el valor de nuestras decisiones. Elige al alza. Selecciona bien aquello de lo que te rodeas. Hazlo con el cuidado, el criterio y el mimo de quien se sabe merecedor de lo mejor. Enseña al mundo que no te regalas y que, en tu vida, «lo que quieres… o nada».

Serás imparable.

Cabeza, corazón y tripa

Ni contigo ni sin ti tienen mis penas remedio.
Contigo porque me matas, y sin ti porque me
muero.

Antonio Machado

Existen tres formas de querer: con la cabeza, con el corazón y con la tripa. En la cabeza, querer se llama preferir;
en el corazón, amar; y en la tripa, desear. O quieres con
las tres, o estás destinado al caos.

El amor es un juego de equipo. De equipo con la otra
persona y de equipo contigo mismo. O mejor, es un juego
de equilibrio. Aunque parezca mentira, uno puede querer
tener *algo* a largo plazo con una persona, enamorarse de
otra y desear acostarse con otra. Cuando esto ocurre, el
desastre y la *discusión* interna están asegurados. ¿A qué
parte de ti obedeces? Para una apuesta de éxito es necesa-

rio que exista unanimidad. Ni basta con desear, ni es suficiente con preferir, ni vale con amar. Solo cuando cabeza, corazón y tripa se alinean, la persona elegida es deseada y el amor abre sus puertas para poder ser disfrutado.

Cabeza, corazón y tripa son tres fuerzas que deben tirar juntas. Tres cuerdas que tan fácilmente se hacen un lío como hilan una hermosa trenza. Es la alineación la que nos mantiene de pie.

Te ha pasado. Una persona te atrae tantísimo que, cada vez que la tienes cerca, Troya es a su lado una hoguera y las obras de Shakespeare, bien parecen literatura infantil. Te arde la tripa y te tiembla el cuerpo… pero la cabeza te dice que no es lo que buscas. O, al revés. Encuentras a una persona *diez*, *ideal*, cariñosa, valiente, atenta, buena, divertida… pero no te enciende. La cabeza diciendo *sí*, y tu tripa diciendo *no*.

Si el deseo le corresponde a la tripa y amar al corazón, la elección es cosa de la cabeza. Es importante no confundirlo, pues la gran mayoría de los dilemas y sufrimientos amorosos deriva precisamente de no estar enamorado de lo que realmente quieres para ti. «Le quiero aunque sé que no me conviene.» O, más complicado aún, «le deseo mucho pero no es la persona que quiero».

No estés con una persona porque sin ella mueres, sino porque con ella vives.

El enamoramiento sigue sus propias normas, las cuales responden más a condicionamientos naturales que a deseos personales. Para la tripa no existe la justicia: más que de lo que *merecemos* o de quien se lo merece, al final acabamos enamorándonos de quien nos atrae. Por esta razón, uno es capaz de —como se dice comúnmente— enamorarse «hasta del diablo».

Aunque uno no siempre puede *elegir* de quién se enamora, sí puede elegir ante quién se expone. Esta es la misión de la cabeza, elegir y recordarte que *te dejes* enamorar solo de aquello que amas o se ajusta a tus preferencias. ¿Cuál era tu *ideal* antes de conoceros? ¿Qué esperas de un compañero de viaje? Lo que querías… ¿Era esto?

Exponerse a una persona y dejarse llevar no es suficiente. Es necesario tener cierto dominio sobre los deseos para así evitar contradicciones entre nuestros impulsos y nuestras predilecciones. Para ello, la cabeza no puede ser nunca un freno, sino una guía que nos diga cuándo controlar la pasión y cuándo liberarla; cuándo sacarla a bailar y cuándo dejarse llevar. Equilibrio es la palabra: ni muy abiertos como para que entre cualquiera, ni muy cerrados como para que no entre nadie.

Tener claro lo que queremos es el mejor filtro para evitar impostores.

Y el corazón, ¿qué dice de todo esto? Al corazón muchas veces no le da tiempo a opinar. Es ese jugador de banquillo al que, aun siendo del equipo, no le conceden la oportunidad. El corazón necesita minutos. El corazón es apego, vínculo, hábito y conexión, y por ello requiere para manifestarse de un tiempo que muchas veces no se le ofrece.

Suele decirse que «no son buenos tiempos para el corazón», y no se dice por decir. Estamos en una época que bien podría titularse *Te deseo mucho, te consigo rápido y te dejo de querer pronto*. Desde su *sala de espera*, el corazón no entiende por qué es al último que preguntamos, o por qué si se traza un eje imaginario en nuestro cuerpo él queda a un lado cuando la tripa y la cabeza quedan centrados. No entiende por qué hemos olvidado que la palabra *cordura* nació de él (*cor* es corazón en latín), o por qué en inglés aprender algo de memoria es aprenderlo *by heart*. ¿Es siempre más cuerdo el que más piensa? ¿Al lado de la razón no está la *co-razón*?

El amor es un tres en raya que juega con tres fichas: elegir, amar y desear.

Una última vez: cabeza, corazón y tripa, por muchas diferencias que presenten, deben darse unidos y de forma equilibrada. Para una relación sana, todos se hacen necesarios: la cabeza para sugerir paciencia cuando la tripa diga «quiero, quiero y quiero»; el corazón para decirle a la razón «tranquila» si, entre dudas, le invade el miedo; y la tripa para encenderle una vela al corazón cuando este se crea apagado.

En el amor, como en todo aquello que precisa libertad, no puede haber siervos: ni la razón de la pasión, ni el corazón de la cordura.

Defiende tu frontera

Un gran hombre siempre tiene el valor
para decir lo que está en su corazón.

Bad Teacher,
Jake Kasdan

Cuando una piedra preciosa pasa de estar oculta en una mina a ser expuesta en una joyería no se vuelve más valiosa, sino más cara. Así como un diamante no se hace diamante el día que es colocado en un escaparate, nadie necesita la mirada de otras personas para convertirse en un ser bello, digno y valioso.

La creación de una autoestima fuerte comienza con el reconocimiento de nuestro propio valor y continúa con la defensa ante lo que pueda menoscabarla. En un mundo compartido y lleno de interacciones, a cada persona le envuelve una frontera. Es decir, un espacio de derechos irrenunciables que no puede ser traspasado. Ser capaces de expresar nuestro sentir con convicción, rebelarnos ante los agravios o decir *no* ante aquello que supone un freno para nuestros sueños e intereses constituye el pilar básico sobre el que se eleva el auténtico amor propio y sobre el que se construye nuestra dignidad.

En mayor o menor medida, todos conocemos situaciones en las que decimos *sí* deseando decir *no* o en las que llevamos a cabo acciones a desgana, aun sabiendo que son contrarias a nuestras jerarquías internas. En el ámbito de las relaciones humanas no existe *el hombre de hielo* ni el *eterno coherente*. El matiz está en ... ...der ante los demás es un acto eventual que denota ... ...imiento de amor y comunidad o si se ha convert... ... hábito que persigue la aprobación externa.

Una excesiva complacencia puede l... ...arno a perder nuestra individualidad o incluso el r... ...eto e ...tre los demás, pero ser demasiado rígidos puede dific...ltar el desarrollo y la fluidez de nuestras relaciones pe sonales. Se trata de encontrar un punto medio que nos pe mita disfrutar de nuestras diferencias sin renunciar por ell o a nuestra autenticidad. Para lograr este equilibrio es fu...damental identificar y diferenciar en nuestro interior cuáles de nuestros valores o derechos son negociables y ...áles no.

Ser tú mismo es una misión
que no requiere permiso.

Por encima de todo, siempre que no invadas la frontera de los demás, tienes derecho a ser tal y como eres. Al reconocer esto, te haces grande y visible. En otras palabras, cuando te respetas, te haces respetar. Si tú te amas y estás convencido no solo de lo que sientes, sino de que mereces sentirlo así, no hace falta que nadie te dé el visto bueno. Por el contrario, si renuncias a expresar tu sentir o a manifestar tus opiniones con libertad por miedo a diferir o causar rechazo, le estás asestando un golpe a tu autoestima y dando motivos para que tu auténtico «yo» permanezca agazapado.

Al actuar con convicción hacemos uso de nuestro valor y ponemos de manifiesto nuestra grandeza, lo que a su vez produce un regusto tan agradable que ya no cabe otro deseo de seguir practicando nuestra grandiosidad. Quien se adentra en el camino de la dignidad, ya nunca regresa a la pequeñez.

Defiende tu frontera ante aquello que ensombrezca la luz de tu valía. Todo tesoro necesita un guardián. Pelea cada centímetro cuando te falte y defiéndelo cuando te lo quieran arrebatar, pero nunca con la agresividad o el despotismo de quien cree apoderarse de lo que no es suyo, sino con la serenidad y el convencimiento de quien reclama lo que por derecho le pertenece.

No camines por la vida escondiendo tu esencia por lo que otros puedan pensar. No hay duda de que tras tantas *batallas* en el pasado aún te quedan muchas cualidades por mejorar y algunos defectos que corregir, pero, a día de hoy, eres como eres. Disfrútalo.

No seas tu plan B

> Del mismo modo que sabemos cuándo estamos enamorados, sabemos perfectamente cuándo estamos en contacto con nuestra verdadera esencia.
>
> BORJA VILASECA

Cuando alguien no se acaba dedicando a aquello que ama no se llama realismo, falta de recursos o imposibilidad, se llama conformismo.

Casi siempre la misma historia: niño con hambre de mundo y ambiciones se convierte en joven con sueño; joven motivado orienta sus primeros estudios a su sueño; joven menos joven termina estudios y envía currículums a empresas que colmarían sus aspiraciones; empresas en crisis o con muchas peticiones para un mismo puesto dicen *no*; joven desmotivado busca trabajo *en lo que sea* para cubrir sus necesidades hasta que finalmente lo encuentra; joven empieza a ganar más; joven olvida sueño.

Vivimos asolados por un enorme déficit de pasión. Basta con mirar alrededor para descubrir que la mayoría de la gente no se dedica a trabajos que ama, y no solo eso, sino que además cumple con su papel bastante bien. Se esfuerza, crece, mejora, asciende, se adapta bien... pero no lo ama. Algunos ganan mucho dinero, pero no lo aman. Algunos llegan a lo *alto*, pero no lo aman.

¿De qué sirve que llegues a la cima si eliges la montaña equivocada?

El conformismo no siempre se disfraza de un trabajo *peor* visto por la sociedad. De hecho, en muchas ocasiones se viste de algo muy bien recibido a los ojos de los demás. Es ese «quería ser músico, pero soy abogado» o ese «me gustaba el teatro, pero Arquitectura tiene más salidas». No importa bajo qué chaqueta se camufle, es conformismo y es plan B. Evidentemente, nadie va a decirte que se vendió por dinero o que le venció el miedo, todo lo contrario. Intentarán convencerte de que tomaron un camino sensato y responsable o de que el trabajo y las aficiones son partes separadas de la vida. Así lo hace nuestro propio idioma. En nuestro vocabulario, cuando hablamos de *tiempo libre*, lo hacemos para referirnos al tiempo en que no estamos trabajando. Damos por hecho que las horas de nuestro día deben separarse entre una parte elegida y de ocio y otra de relativa obligación, olvidando que conciliar pasión y trabajo es una alternativa posible.

> *Tu vida no empieza cuando terminas el trabajo, tu vida empezó al nacer. Si lo que más amas es cantar, canta; si lo que amas es hacer surf, monta una escuela de surf, y si lo que amas es escribir, crea tu propio (El) universo de lo sencillo. No seas menos de lo que quieres.*

Si aceptas el reto, hay tres grandes obstáculos a los que debes hacer frente. Son *los asesinos de sueños*: el dinero, la impaciencia y la opinión de los demás. De todos ellos hablaremos más adelante con detenimiento.

El dinero

El dinero es el gran hipnotizador de nuestro tiempo. Una de sus principales *trampas* es hacernos creer que, aunque no desempeñemos nuestro trabajo más deseado, si pagan bien, vale la pena, pues «un buen ingreso —pensamos— siempre mejora nuestra calidad de vida». La calidad de vida, sin embargo, más que con el dinero o con la adquisición de bienes, está relacionada con vivir enamorado de lo que hacemos. No es desear que termine el trabajo para empezar a disfrutar, es, además, disfrutar con ello.

Otra creencia equivocada es asumir que dedicarse a una pasión «no da dinero». Todo lo contrario: la pasión conduce a la práctica, la práctica a la maestría, la maestría genera valor y el valor genera dinero. Solo hace falta paciencia

Impaciencia

En la cultura de la inmediatez, los primeros afectados son el esfuerzo y la perseverancia. Queremos muchas cosas y las queremos ya. La capacidad para posponer recompensas y gratificaciones está en peligro de extinción, y los prismáticos para ver las grandes cimas han sido sustituidos por unas gafas de cerca que todo lo aumentan y ocultan cuanto hay más allá.

Hacer frente a la impaciencia significa estar dispuesto a hacer lo necesario el tiempo necesario. Es en la perseverancia donde se descubren los amantes y donde se pone de manifiesto cuáles de nuestros deseos eran verdaderos sueños y cuáles meros caprichos.

La opinión de los demás

A la gente le gusta opinar, juzgar y proyectar su vida y experiencias en ti. Hay quien cree que sus límites son los tuyos, que el camino que ellos tomaron fue el mejor y que lo demás es desviarse. En todas las épocas ha existido una escala subjetiva de trabajos mejor valorados que otros, pero esta nunca ha sido organizada en función del amor que uno siente hacia ellos, sino en función del estatus, el dinero, la seguridad, la tradición familiar, la inteligencia, etc. Esta mirada externa ejerce una fuerza que tanto condiciona nuestra vida como eclipsa la luz de nuestras auténticas pasiones. A fin de cuentas, no dejamos de ser animales de grupo.

Sobreponerse a la opinión de los demás es dar más valor a lo que tú sientas que a lo que otros crean. Es creer que hacer lo que amas es un derecho. Es no cambiar de destino aunque por el camino te falten compañeros de viaje.

La opinión de los demás no puede ser la luz que guíe tus acciones.

Por tiempo y por realización, el trabajo es una de las partes más importantes de nuestra vida. En él depositamos y depositaremos un gran número de memorias y huellas que acabarán por escribir nuestra historia. ¿Desde dónde vas a escribirla, desde el corazón o desde el conformismo?

Es necesario recuperar la pasión y llevarla a todos los ámbitos de nuestra vida. Estar contento con el trabajo no es suficiente. Hay que estar enamorado de la misma forma que lo estás de una persona. A tu pareja no le dirías «Estoy contento contigo». A tu pareja le dices «Me vuelves loco, quiero "Tú" a todas horas». Con tu trabajo debe ser igual.

Confía en esa voz interior que te dice que es posible y trabaja poco a poco. Olvida la mirada de los demás. Son sus ojos, pero es tu vida. Y, sobre todo, ama todo cuanto hagas, desde el primer minuto hasta el último, pues ningún segundo merece el deslucimiento que otorga el conformismo. No vendas tu vida a algo que ni te importa ni le importas.

Hasta nuevo aviso, solo vivimos una vez.
Haz lo que amas.

No seas tu plan B.

El lenguaje de los sueños

Tengo una pregunta que a veces me tortura: estoy loco yo o los locos son los demás.

ALBERT EINSTEIN

Antes de ponerte en marcha, deberás recordar esto: apostar por tus sueños implica grandes momentos de soledad.

Soñar es algo más que visualizar un futuro nacido desde el corazón: es un lenguaje propio y muchas veces exclusivo de quien sueña. Explicar tus sueños a otros puede resultar incómodo y, en ocasiones, muy doloroso. ¿Cómo les cuentas que lo que haces te gusta tanto que no quieres ponerlo en un segundo plano de nada? ¿Cómo les transmites que aunque no te apoyen no vas a cambiar de rumbo? Y sobre todo, ¿cómo decirles que de ese modo van a perderse una parte muy valiosa de ti?

Tratar de explicar una posibilidad en términos de realidad es algo así como leer a Shakespeare en español o la diferencia entre ver una película en versión original o verla doblada. Son, simplemente, idiomas distintos. Ya lo decía Robert Frost: «Poesía es lo que se pierde en la traducción».

Los que no sueñan, por favor... ¡que no nos despierten!

En el camino hacia tus ilusiones, encontrarás a muchas personas que te apoyen con su cariño, medios y fe en ti, pero también a muchas otras que dificulten el cumplimiento de tus objetivos. Entre estas últimas, estarán aquellas que crean que sus límites son los tuyos, las que llamen fantasía o locura a lo que para ti es pasión y las que te recuerden que no eres lo suficientemente bueno. En definitiva, personas que pudiendo estar a tu lado, por algún motivo, no lo están.

La ausencia de apoyo de nuestras personas cercanas no suele estar relacionada con la falta de amor, sino con el miedo o la sobreprotección. No será extraño que escuches cosas parecidas a «¿pero cómo vas a mantenerte?», «de eso no se come» o «busca un trabajo más seguro».

Estas, como muchas otras manifestaciones, son preocupaciones hasta cierto punto comprensibles —y que el soñador conoce como nadie—, pero nunca razones suficientes para dejar de vivir tu propia vida.

No quiero que me recordéis cada día lo difícil o improbable que es abrazar una pasión, eso ya lo sé yo. De vosotros necesito otra cosa: necesito que soñéis conmigo. Necesito que si lo llaman locura enloquezcáis a mi lado. Quiero que, aunque este sueño pueda parecer imposible, os mudéis conmigo al espacio de lo imaginable y, entonces sí, nuestras fuerzas, emplearlas allí.

Los sueños no están para ser conseguidos, están para ser perseguidos. No cabe duda de que alcanzarlos no será fácil y de que a veces, resultará incluso imposible, pero eso no es lo importante. Lo importante es vivir convencidos de que tenemos pleno derecho a intentarlo y elegir nuestro camino donde quiera que nos lleve, pues creer en ti no es creer que lo vayas a conseguir, sino creer que mereces hacer lo que amas.

Construye tu faro

La utopía está en el horizonte. Yo sé muy bien que nunca la alcanzaré. Que si yo camino diez pasos ella se alejará diez pasos. Cuanto más la busque, menos la encontraré, porque ella se va alejando a medida que yo me acerco.

Buena pregunta, ¿para qué sirve la utopía? La utopía sirve para caminar.

Fernando Birri*

Igual que una grúa, construida por el hombre para levantar al hombre, es necesario construir sueños que sean capaces de elevarnos.

---

* Esta cita ha sido atribuida a Eduardo Galeano, pero como bien explica en una entrevista en *Singulars* de TV3, corresponde al director argentino Fernando Birri, quien respondió así a la pregunta «¿Qué es una utopía?».

Uno de los errores de nuestra cultura es pensar que solo lo posible vale la pena. Hemos otorgado mucho valor a lo tangible, real y medible y poco a las utopías, las ilusiones y los sueños, como si estos no aportaran nada. Como si hubiera que ganar el partido para atreverse a jugar, en lugar de hacerlo al revés: atreverse a jugar para quizá ganar el partido. Reducir el valor de un sueño a su posibilidad es un error que lleva a la parálisis. ¿Qué hay de todo aquello que, en la persecución de una ambición, se gana en el camino?

Con frecuencia se confunde utopía con lejanía. Por eso a lo difícil hay quien lo llama imposible, por eso muchos abandonan y por eso otros tantos ni lo intentan. Aunque una utopía es algo que «se presenta como irrealizable desde el momento de su formulación», lo cierto es que son muy pocas las cosas que puedan determinarse como imposibles antes de ser comprobadas a través de la acción. La historia nos ofrece innumerables ejemplos de descubrimientos, hazañas y proezas que a priori parecían imposibles y acabaron siendo realizados. Más que inalcanzables, sólo se trataba de encontrar la manera.

Hay dos tipos de personas: los que dicen que algo es imposible antes de intentarlo y los que lo dicen después.

Si bien pocas cosas hay más fuertes que la voluntad de una persona ante lo posible, no menos fuerza tiene aquel que sabe ver el poder que lo imposible tiene para nuestro crecimiento. «¿Qué sería de nosotros sin el auxilio de lo que no existe?», decía Paul Valéry para hablar de la fantasía. No es necesario que algo sea totalmente realizable para que valga la pena y sea disfrutado. Aceptar esto es reconocer que el valor de una tarea no depende de su consecución. O, yendo más allá, aceptar esto implica reconocer que el valor de una persona no depende de su éxito.

Hay una *ley* no escrita entre los atletas que dice que para saltar 2 metros tienes que imaginar el listón a 2,10, o que para correr más rápido los 100 metros lisos debes visualizar la meta 5 metros más adelante. Lo mismo ocurre con los karatecas que rompen ladrillos. Para romperlos todos, deben poner el foco del golpe por debajo del último bloque. Es pasarse para llegar o, como reza el famoso proverbio, «apuntar a las estrellas para llegar a la luna». Mario Alonso Puig lo expresa así:

Pienso que es mucho más estimulante morirse sin haber alcanzado una estrella que morirse sin haber tenido ninguna estrella que alcanzar. Si uno no alcanza la estrella, pero a base de intentarlo ha llegado a adquirir una altura que le parecía imposible, no puede sentirse decepcionado.

Para avanzar y evolucionar es necesario una parte imaginada. Vivimos en una época en la que las cosas antes inimaginables se han vuelto posibles gracias al avance tecnológico. Por este motivo, es necesario que nuestra imaginación se vuelva más exigente. No para caer en la ensoñación, sino para saber qué perseguir.

¡No perdamos la capacidad de soñar!

No siempre existen los faros que debemos seguir. En ocasiones nos corresponde a nosotros crearlos para guiar nuestros pasos hacia un camino que nunca nadie trazó antes. Así es soñar. Soñar es crear faros.

¿Por qué volamos?

Llega un momento en la vida de aquellos
destinados a la grandeza en que debemos
plantarnos ante el espejo de la importancia y preguntar: si se nos ha dotado del
corazón valeroso de un león, ¿por que vivimos como ratones?

BRENDON BURCHARD

La conquista del mundo se hizo a golpes de valentía. Si
muchos pueblos de la Antigüedad no se atrevieron a em-
barcar fue porque vieron en el horizonte *el fin del mundo*.
Imaginar lo que habría tras aquella línea lejana que sepa-
raba el mar del cielo era motivo suficiente para quedarse
en tierra en lugar de partir hacia nuevas rutas. El conquis-
tador fue aquel que supo enfrentarse a los límites de su
razón dispuesto —si fuera preciso— a no volver jamás.

Del mismo modo que les ocurría a aquellos pueblos, nos ocurre a nosotros. Allí donde alcanzan nuestros ojos, acaba nuestro mundo. Es la forma en que nos miramos lo que determina el espacio en el que nos desenvolvemos.

Quien me conoce sabe que no soy muy amigo de los aviones. Hasta hace unos años, volar siempre me había parecido una experiencia extraordinaria. Amaba el vacío del estómago al despegar y el golpeo de las ruedas sobre la pista al aterrizar. En una época de viajes *low cost*, siempre he pensado que el precio de los billetes está muy por debajo de lo que uno *debería* pagar por disfrutar de unas vistas en otro tiempo solo al alcance de los *dioses*. Sin embargo, mi entusiasmo aéreo se vio interrumpido el día en que, en un vuelo de corto recorrido, el avión en que viajaba tuvo que abortar el aterrizaje tras vernos envueltos en una fuerte tormenta. Por mucho que el piloto me explicara minutos después que aquello era algo *normal* y que estaba todo bajo control, yo pude en mi interior «sentir la *muerte*». Aunque con el tiempo he logrado superar gran parte del miedo, he de confesar que hice miles de kilómetros en coche o autobús con tal de evitar subirme en uno de esos «*pájaros asesinos*». Recuerdo que no fueron pocas las veces en las que indagué tratando de hallar una explicación a cómo era posible que un aparato de semejantes dimensiones fuera capaz de elevarse a miles de pies sobre la tierra. Ninguna información era suficiente. Poco importaba que todos los datos y opiniones coincidieran en que «era el medio más seguro». Para mí siempre era el *miedo* más seguro. De todo esto aprendí una cosa: cuando alguien sube a un avión, no lo hace porque *sepa* que la diferencia de presiones originada entre sus alas produce elevación, sino porque *cree* que no se va a caer.

Una creencia es una idea que vivimos como certeza.

La mayoría de nuestros pensamientos está condicionado por unas creencias que pocas veces se asemejan a los hechos objetivos, y que, sin embargo, poseen la fuerza suficiente como para orientar y limitar cada acción de nuestra vida. Aquello en lo que creemos constituye nuestra frontera.

Hacer coincidir nuestras creencias con la realidad es una misión muy compleja y en ocasiones arrogante. Pensémoslo así: ¿qué cosas de las que creemos podríamos afirmar con la mano en el fuego que son completamente ciertas? Realmente pocas. Por este motivo, lo importante no es tanto que una creencia sea verdadera como que sea propia, adecuada y estimulante. (Esto no es en ningún caso un mensaje para vivir a propósito en la ignorancia, sino un recordatorio de que, en mayor o menor medida, somos ignorantes.) No se trata, por tanto, de vivir en la más absoluta de las fantasías, sino de hacer un alto y preguntarnos: Mis creencias, ¿me hacen grande o me empequeñecen? ¿Me acompañan en mis sueños o me limitan? ¿Me dan alas o me encadenan al suelo?

Si bien pocas cosas pueden *predecir* el futuro, hay dos que se aproximan bastante: tus creencias y tus expectativas.

La manera en que nos miramos o hablamos a nosotros mismos, así como la opinión generada sobre quiénes somos, tiene una influencia decisiva sobre el desarrollo de nuestras capacidades. Una persona que se ve a sí misma como tímida y que cree que no podrá dejar de serlo difícilmente logrará levantar la mano en clase para preguntar o entablar conversaciones con comodidad. Alguien que se siente un gran encantador de mujeres a duras penas se comprometerá con una sola, por muy feliz que esta le haga. Y aquel que está convencido de ser una persona con mala suerte no permitirá que le ocurran cosas buenas. Somos capaces de mantener muchos comportamientos perniciosos o limitantes porque alimentarlos nos mantiene íntegros, aunque nos alejen de nuestros sueños, empobrezcan nuestras relaciones o incluso afecten a nuestra salud. Preferimos el dolor de renunciar a algo que podría enriquecernos antes que el sentimiento de vacío que nos produce dejar de actuar de acuerdo al papel de la persona que creemos ser. «Si doy un paso al frente…» «Si no conquisto…» «Si me sucede algo bueno…» «¿… quién soy?», se preguntarán.

El primer paso para cambiar una actitud o un hábito no es negar nuestra historia, sino aceptarla y empezar a hablar de ella como parte de tu pasado. No existe razón para que quien fuiste y quien eres deban seguir coincidiendo. La forma de acabar con estas creencias limitantes es la misma con la que se acaba con el verbo *ser*: mencionándolo en pretérito. Esto es, en lugar de pensar *soy*, piensa *fui*, y decide cómo *serás*.

Y si aun así quieres usar el verbo *ser* en presente, no lo hagas para decir «es que *soy* así», sino para decir «*soy* un ejemplo vivo de que podemos cambiar».

Somos las etiquetas que nos ponemos; el traje con que nos vestimos. Somos miedosos y dubitativos cuando nos ponemos las gafas de Clark Kent y valerosos y heroicos cuando nos colgamos la capa de Superman. Vivimos al servicio de nuestro papel y nos olvidamos de hacerlo al servicio de nuestro bolígrafo. Escribirse es posible.

La fuerza de la ilusión

Martin Luther King no dijo *I have a plan*,
dijo *I have a dream*.

SIMON SINEK

No falla. Cada vez que le pregunto a un amigo a modo de juego, «imagina que te pierdes en mitad de un bosque y cae la noche, ¿crees que sobrevivirías?», la mayoría responde que sí y algunos, los menos, que no… pero ninguno pregunta cómo es el bosque.

Esa confianza para *saber* que sobrevivirías es la fe. No sabes cómo, no conoces las características del bosque, ni si hay lobos, osos, víboras, alacranes o un frío helador, pero *sabes* que lo lograrás.

Aunque la fe suele asociarse a las religiones, no es exclusiva de estas. Va mucho más allá. La fe es convicción, guía, fuerza. Ante un reto, si alguien está convencido de que no lo hará, no lo intenta. (Y tiene sentido, a sus ojos es una absoluta pérdida de tiempo.) Por el contrario, cuando una persona se siente *segura* de que lo conseguirá, pone toda su atención y capacidades al servicio de la tarea, incrementando con ello sus posibilidades enormemente.

El *cómo* es una pregunta secundaria a la que uno debe responder en el camino a la consecución de su meta. Por delante, el *qué* y, sobre todo, el *porqué*. Responder al *cómo* de una forma u otra puede hacernos ahorrar tiempo, dinero, medios, etc., pero nunca debe ser una pregunta cuya respuesta determine si se parte o no en busca de lo que se ama.

El *cómo* es la pregunta que *no* importa cuando tienes una ilusión de verdad.

Una gran parte de los abandonos no tiene que ver con la imposibilidad del objetivo, ni siquiera con la dificultad, sino con la ausencia real de una causa*. Sin embargo, si-

---

* Entendemos por causa ese fin o sueño último hacia el que se dirigen nuestras acciones. Se podría sustituir por palabras como sueño, ilusión, fin, meta, ambición, etc.

gue siendo el *cómo* el principal bastón sobre el que se apoyan las excusas. Si el sueño es auténtico, la dificultad puede aspirar a demorar la meta, pero nunca a derribarla. Al final, como en la ciencia, todo movimiento depende de un cálculo entre diferentes fuerzas. Entre todas ellas, muy pocas son capaces de frenar la fuerza de la ilusión.

Aunque la estrategia es una parte importante para el éxito de nuestras metas, existen detalles que no se pueden planear. Es en estos momentos cuando la confianza y la ilusión cobran especial relevancia: no a modo de magia, sino como el empuje necesario para encontrar la manera.

Ponte en marcha, basta de excusas.

Sin una condición: ¿eres un amante?

> Mi nueva palabra favorita en alemán es *funktionslust*. Describe la pasión de hacer algo por el mero hecho de hacerlo, no solo porque quizá funcione. Es el jugador que quiere dejar el banquillo y saltar al campo aunque sea demasiado tarde para ganar.
>
> Seth Godin

«Por grande que sea una presa, un mínimo agujero, por la presión hidráulica, la acaba rompiendo», se dice. Incluso los altos sueños pueden venirse abajo si los volvemos condicionales. Por pequeña que sea, una condición puede ser grieta suficiente para que todo se rompa.

Lo que realmente da valor a una persona no es lo que hace cuando hay garantías, sino lo que emprende cuando no las hay. Por esto, un valiente es un amante y un amante es un valiente.

A medida que la sociedad nos empuja hacia la inmediatez y el cortoplacismo, nuestra capacidad para pelear por las cosas importantes se va viendo mermada. En las relaciones amorosas, si las cosas van mal con nuestra pareja, enseguida buscamos otra; en el trabajo, «al que antes me coja» o «al que más me pague»; y en las relaciones personales, se habla de «dar para recibir», como si la generosidad fuera un intercambio. Hacemos las cosas bajo la condición de que nos salga bien la tirada, queriendo hacernos ricos por inflación en lugar de por inversiones de riesgo.

Amor es todo aquello que haces aun sabiendo que lo que amas podría no salir bien.

El amor, como la valentía, reside en el espacio del «podría ser que no». No es una cuestión de optimismo o pesimismo, es una cuestión de condicionalidad. Mientras que en una bifurcación un pesimista piensa «¿y-si-no?» y un optimista «¿y-si-sí?», un amante se pregunta «¿y-qué-más-da?», porque un amante sabe que lo importante no es conseguirlo, sino pelearlo y disfrutarlo. La diferencia entre los primeros y el amante está en quién lo hace para conseguir algo y quién porque lo ama. Son esos dos violinistas en diferentes estaciones de metro, uno mirando las monedas y el otro sintiendo cada nota con los ojos cerrados. El amor, en resumidas cuentas, es tocar para ti.

Plantéalo así. Si te garantizaran que si lo dejas todo y te dedicas a lo que amas, al final lo consigues, ¿lo harías? ¿Y si no te lo dijeran? Esa es la diferencia. Si tu segunda respuesta es sí, eres un amante.

La dificultad o frustración temporal no pueden ser la causa de abandono de un sueño atemporal. Los sueños no tienen fecha. Ser un amante es abrirse a continuar incluso cuando puede que no haya premio, es hacerlo aunque no llegue. Es estar dispuesto a trabajar sin tener recompensa, a quedarte sin nada, en el aire, desnudo.

¿Y si la riqueza está en la aventura de los mares y no en el cofre de la isla?

Somos tan grandes como nuestros sueños. El que tiene uno grande y por temor a no lograrlo apuesta por uno más pequeño, está acotando las dimensiones de su existencia. Por el contrario, el que teniendo un sueño jamás lo abandona, nunca fracasa de verdad. Incluso aunque no lo cumpla.

«The only thing you have to do in this life is die. Everything else is a choice», dice un famoso refrán inglés. (Morir… y pagar impuestos, apuntaba Benjamin Franklin.) Todo, absolutamente todo (salvo la muerte), es una elección. Lo demás son impuestos que nos otorgamos. ¿Qué vas a hacer? ¿Elegir tu vida en función de la dificultad, la posibilidad y la inmediatez? ¿O vas a elegirla desde el amor?

Cada día se abre ante nosotros una ocasión extraordinaria para escuchar a nuestro corazón, olvidarnos de la imposibilidad, disfrutar el camino y devolverle a los sueños el decoro, la importancia y el lugar que merecen. Es hora de levantar la voz y recordarnos que solo tenemos una vida y que tiene que valer la pena.

Más allá de las metas

Cuando bailas, tu objetivo no es ir a un lugar determinado de la pista. Es disfrutar cada paso del camino.

WAYNE DYER

Hace algunos años vi en la televisión una entrevista realizada a Bruce Springsteen con motivo del lanzamiento de su, entonces, último disco. En la ronda de preguntas, un periodista se interesó por el eje central del álbum, preguntándole acerca de qué lo había inspirado. Me quedé sorprendido cuando explicó que algunos temas incluidos tenían muchos años, y que simplemente había hecho una selección de entre más de cien que tenía inéditos... ¡Más de cien canciones inéditas! Ese día comprendí una cosa que, aunque parece lógica, tiene su trascendencia para el devenir de nuestro crecimiento personal:

músico no es el que hace discos, músico es el que hace música.

No cabe duda de que fijarse objetivos a corto o medio plazo —como puede ser lanzar un disco—, al tiempo que una buena estrategia de motivación y recompensa, es una parte indispensable para mantener vivas nuestras energías: poder contemplar la meta mientras corremos nos hace sentir que estamos en camino a algún lugar y que, de alguna forma, «ya queda menos». No obstante, enfocarnos exclusivamente en las metas puede, por un lado, suponer un límite y, por otro, privarnos del verdadero motivo por el que un día decidimos realizar nuestra actividad: la pasión.

Aunque fijar *puntos de llegada* tiene sus beneficios, existe un paso más allá: identificar una dirección. Por eso, mejor que una meta, establece siempre un sentido.

Establecer un sentido quiere decir actuar por amor y no guiado exclusivamente por los resultados. Es querer hacer música en vez de discos. Es querer *ser* por encima de querer *lograr*. Cada vez que llevamos a cabo una actividad con el foco puesto en alcanzar un resultado concreto, la atención se desvía de la propia actividad, impidiendo que aflore lo mejor de cada uno. En ese momento, ya no actuamos buscando el disfrute de la acción, sino que lo hacemos al servicio de cumplir con una expectativa (ya sea esta externa o autoimpuesta).

Poner todos tus recursos al servicio del sentido (de tu pasión) facilita que cada meta se convierta en un hito dentro del camino y no el final del mismo. En otras palabras, no te limites ni quieras ser alguien concreto: acepta el maravilloso reto de descubrir quién puedes llegar a ser.

La meta es solo una parte del camino, no el final del mismo.

Encuentra aquello que amas y hazlo porque lo amas, no por otros motivos. Hazlo porque sale «de tu corazón, y de tu mente y de tu boca y de tus tripas», como decía Charles Bukowski. Si eres escritor, escribe; si eres cantante, canta; si eres bailarín baila. Olvídate de los límites y no te midas en función de las metas. Solo escribe, canta o baila. Haz que la voz más alta que rija tu vida no sea otra que la nacida de tu corazón.

No persigas una X marcada en el valle, sigue la flecha que te haga atravesar montañas. Mejor que un mapa que te lleve a una coordenada concreta, elige siempre una brújula que oriente su aguja hacia tu pasión. Encuentra tu Norte y corre en dirección a él, y tanto si llegas como si no, siempre podrás medir la distancia que te separa del Sur del que partiste, y esa, querido amigo, será tu proeza.

No somos resultado, somos recorrido.

Un joven no se rinde

Si empiezas a conquistar Viena, conquista Viena.

Napoleón Bonaparte

En el cuadrilátero de la vida se pierden más combates por abandono que por KO. Tenemos un concepto equivocado sobre lo que significa pelear que contribuye a bajar los brazos con excesiva prontitud. Pelear no es usar todos nuestros tanques en un ataque, es aguantar toda la guerra; no es soltar nuestros mejores golpes, es no bajarse del ring; es caer y levantar, caer y levantar. Pensamos que luchar es comenzar con todas nuestras fuerzas: terminamos los estudios, mandamos currículums a *todos los lados* y creemos que ya lo hemos hecho todo; emprendemos un proyecto que nos ilusiona, y si al poco de empezar no funciona, lo abandonamos y vamos a por otro.

La rendición empieza el día que decides que tu sueño puede ser reemplazado.

Antes de lanzarte, es importante que reconozcas que aparecerán momentos difíciles. En una carrera de fondo, medio recorrido es estar dispuesto a equivocarse y tener la humildad suficiente para cambiar de camino sin cambiar de meta. Que tu plan no fuera bueno no quiere decir que tu sueño no fuera válido. Lo que importa no es si hoy lo has conseguido, sino cuánto has hecho hoy por conseguirlo y cuántos obstáculos has superado.

Casi todo acierto es la consecuencia de haber cometido muchos fallos. Nada verdaderamente extraordinario suele ocurrir a la primera. En la naturaleza misma, la norma no es el acierto, es el error. Sin ir más lejos, tu propia vida es el resultado de millones de espermatozoides frustrados en el que solo uno llegó a su destino. Lo que convierte a la vida en un auténtico milagro no es su mera existencia, sino la fuerza de una naturaleza que, tras ella, no se cansa de intentarlo. Por este motivo, estar dispuesto a equivocarse no solo significa ver un lado bueno en cada intento fallido, sino un lado real. «Fracasa mejor», decía Samuel Beckett; «Fracasa diferente», dice Sergio Fernández. Ser comprometido y determinado es, en cierto modo, ser un detective para ver detrás de cada error la pista que señala dónde está el acierto.

Derrota es «retador» con las letras cambiadas.

El camino de las ambiciones es solitario y muchas veces descorazonador. Vives en un mundo competitivo donde hay gente que lleva haciendo lo mismo que tú más tiempo y por ello parten con ventaja. Cuando te sientas desanimado, en lugar de decir «no valgo», di «aún no lo merezco» y sigue trabajando. ¿Eres de los que como no son *buenos* lo dejan o de los que como no son *buenos* insisten?

Que te rindas cuando tienes cincuenta años y te has leído los doscientos libros más importantes de la literatura y los doscientos más importantes de tu campo y no has logrado vivir como escritor, es comprensible; que lo hagas cuando tienes veinte o treinta años porque no tienes los likes *o las visitas que quieres en tu blog, no lo es.*

El paso más importante para conseguir una meta es la pasión, y esta se muestra a través de la determinación. La pasión no es un traje que te puedes quitar o poner según te parezca. El que no es capaz de pelear por su sueño y decirle «hasta que no te consiga no paro», tampoco va a ser capaz de levantar una relación cuando todo parezca perdido o luchar contra una enfermedad a un todo o nada. Cada elección determina nuestro carácter.

Compromiso es ir paso a paso, pase lo que pase y le pese a quien le pese.

Si quieres que alguien no entre en un sitio, no pongas una señal de prohibido en la puerta, porque la curiosidad le hará llamar; pon una señal de callejón sin salida a 50 metros y se dará media vuelta.

Un joven puede equivocarse en muchas cosas, pero no puede carecer de entrega. El corazón de un joven tiene que arder cuando ve lo que ama y sublevarse contra las señales que dicen «no se debe», «no hay salida», y no entender jamás qué es *eso* de quedarse de brazos cruzados cuando está delante *la chica* que le gusta. Un corazón así tiene que ver en una pequeña puerta un arco de triunfo, rebelarse ante quienes le dicen «no puedes» y decirles despacio y bien claro: «El miedo y el fracaso no van a regir mi vida, no necesito el permiso de la posibilidad cuando mi causa es mayor que mi ego».

La juventud es pasión. Uno decide cuándo deja de ser joven, y un joven no se rinde.

La edad no se mide en años, se mide en grados de apasionamiento.

¿Qué has hecho hoy por tu Ferrari?

> La mayoría de la gente sobreestima lo que
> es capaz de conseguir en un año, y subesti-
> ma lo que puede conseguir en una década.
>
> ANTHONY ROBBINS

Tengo un gran amigo cuyo sueño es tener un Ferrari. Sabe todo lo que tiene que saber sobre la marca de *Il cavallino rampante*: modelos, cilindradas, años de construcción y demás cosas de las que yo poco o nada entiendo. Cada día se imagina en uno de esos *bugas* sintiendo que es el rey de la carretera y que a su paso la gente le mira con caras de auténtica fascinación. Me gusta bromear con él y expresarle lo afortunado que me siento de que mi sueño no cueste doscientos mil euros... En cualquier caso, y aunque personalmente prefiera otro tipo de sueños, el suyo es tan legítimo como el mío o el tuyo. La cuestión —con independencia de que deseemos una cosa u otra— es: ¿qué hemos hecho hoy por conseguirlo?

Al igual que ocurre con las montañas, cuando un sueño queda muy lejos puede percibirse más pequeño de lo que es en realidad. Así sucede con la ilusión de mi amigo. Por su alto precio, no cabe duda de que un Ferrari no es una meta que se pueda conseguir a corto plazo. Que un día llegue a comprárselo dependerá en gran medida de su capacidad de ir trabajando y ahorrando poco a poco sin olvidar que eso que ahora siente como pequeño y alejado ocupa un lugar muy grande en su interior.

Solemos subestimar el valor de lo lejano en favor de lo cercano. El futuro en favor del momento presente. Sin embargo, apostar siempre por lo inmediato puede llegar a privarnos de las ambiciones más elevadas. En muchas ocasiones, el éxito en una tarea no llega tras acumular mucha *sangre, sudor y lágrimas* en un fuerte impulso inicial, sino tras mucho tiempo de espera en el que el secreto no ha sido otro que seguir sumando día a día sin abandonar.

No digas hoy «empezaré mañana», di mañana «empecé ayer».

Sea lo que sea aquello con lo que sueñes, haz cada día alguna cosa que te aproxime un poco más. Existen muchas formas de acercarte a tu ilusión que a priori pueden parecer insignificantes, pero que a la larga marcan la diferencia. Desde leer libros, ir a una conferencia o documentarte sobre tu pasión, hasta conocer gente con tus mismas inquietudes, meter unas monedas en la hucha, ahorrarte esa segunda cerveza, correr un kilómetro más, comer un pastel menos… En definitiva, para que un día alcances tu objetivo es necesario que cada día sume.

Y tú, ¿qué has hecho hoy por tu Ferrari?

Ulises no jugaba a la «Play»

Dos vascos iban una mañana por el campo buscando setas. De pronto, uno de ellos se encuentra un reloj Rolex y, exaltado, se lo dice a su amigo, quien le responde: «Pero Patxi, ¿estamos a setas o a Rolex?».

CHISTE POPULAR

Imagina la siguiente historia:

Cuenta la famosa *Odisea*, que el astuto Ulises, al concluir la guerra de Troya, en su intento por regresar a Ítaca —su reino—, tuvo que hacer frente a innumerables dificultades. Tras imponerse a monstruos, sirenas, cíclopes y demás adversidades, parecía que ya nada podría detener su regreso... De pronto, a mitad de travesía, decidió atracar su barco, sacar su Play Station y ponerse a «echar unas partidas».

Chirría, ¿verdad?

Nuestra vida está llena de interferencias y momentos sin conexión que nos desvían del camino desluciendo nuestra historia. Estos momentos son el resultado de no tener una meta clara o de haber perdido el foco sobre nuestros objetivos. Por ello, el primer requisito para dirigir nuestros pasos es definir con claridad nuestro destino.

Sin un rumbo bien definido, nos convertimos en hámsters corriendo en una rueda, en caballos de tiovivo. Nos movemos, pero sin avanzar. Hacemos, pero no sumamos. El inolvidable diálogo entre el Gato y Alicia ilustra perfectamente el problema:

—¿Te importaría decirme, por favor, qué camino debo tomar desde aquí?

—Eso depende en gran medida de adónde quieres ir, —dijo el Gato.

—¡No me importa mucho adónde...! —dijo Alicia.

—Entonces, da igual la dirección.

Andar sin saber adónde vamos es la mejor manera de acabar a la deriva, buen sitio para pasar un rato, pero no para estar toda una vida. Aunque la idea de pasear por *el mundo* sin brújula alguna puede sonar atractiva y tentadora, lo cierto es que para ser dueño de la propia existencia es preciso tomar el timón del barco, lo cual no implica agarrarlo en todo momento —siempre es bueno dejar un sitio para las sorpresas—, sino ser responsable, al menos, de su rumbo principal.

Sin metas no se camina, se deambula.

Es posible que ahora mismo tengas algunas dudas sobre cuál es el futuro que deseas o que sientas algo parecido a «no sé lo que quiero, pero sí lo que no quiero». En el fondo, esto es algo normal. Nos hemos pasado una gran parte de nuestra vida cumpliendo con *obligaciones* y deberes externos y tratando de satisfacer las expectativas de otros, por lo que no es de extrañar que la respuesta natural a «¿qué quieres?» sea «no lo sé». Si esta es tu situación, no te agobies, prueba diferentes caminos y, sobre todo, no dejes de buscar hasta dar con ello. La transición de una vida dirigida y complaciente a otra madura y responsable requiere que te hagas dueño de tus propias respuestas.

1.º Aceptar que yo soy dueño de mi destino. (Yo escribo mi historia.)
2.º Definir mi destino. Qué historia quiero.
3.º Escribir mi historia.

Si todo fuera importante, nada sería importante.

Una vez hayas definido tu objetivo, deberás hacer frente a una triple responsabilidad: elegir, priorizar y desechar. En la mayoría de tus acciones tiene que verse tu meta, y para ello es necesario que *evites* en la medida de lo posible todo aquello que no contribuya a tu historia —recuerda, una *escapada* de vez en cuando nunca viene mal—.

¿Merece la pena ese máster de dos años de fotografía cuando lo que yo quiero es ser diseñador? ¿No sería mejor que el siguiente libro que lea esté relacionado con mi sueño? Mi entorno, ¿me ayuda a crecer o me frena?

Cuando tengas dudas ante una decisión, piensa siempre: «¿Esto me acerca a mi meta, o me aleja de ella?».

No permitas que nada ni nadie eche a perder tu historia.

Si vas a Ítaca, vas a Ítaca.

Gánate el «no»

Me gustan las personas que tienen que luchar por obtener algo, las que teniéndolo
todo en contra siguen adelante. Esta es la
gente que me fascina. La gente fuerte.

ISABEL ALLENDE

Cuando se trata de motivar y hacer una llamada a la acción
es conocida la frase «el no ya lo tienes». Sin embargo, a pesar de sus buenas y efectivas intenciones, esto no es así. El
no no lo tienes, hay que ganárselo. No hacerlo supone una
injusticia con quien sí va, llama a la puerta y le dicen que
no. Cautos y valientes están en lados diferentes de la raya,
no los confundamos. Hasta el fracaso hay que merecerlo.

Vivimos en una cultura muy sensible al fracaso, donde la
gente se prepara para el reconocimiento y el aplauso, pero

no para la verdadera gloria. Donde obtener triunfos, ganar o imponerse sobre los demás ha sido colocado como fin que justifica casi cualquier medio. Hoy es *preferible* ganar un partido gracias a un penalti injusto que perderlo en un encuentro a máxima entrega en el que el otro, simplemente, ha jugado mejor.

Lo contrario del éxito no es el fracaso, es no intentarlo.

A medida que crecemos vamos interiorizando la creencia de que las cosas que importan son aquellas que pueden compararse, como el dinero, la belleza, el reconocimiento, etc., y que, por tanto, quien es más rico, más guapo o más famoso, es un triunfador y, quien no, un *segundón*. No hay más que prestar atención a algunos medios de comunicación para encontrar mensajes que de una forma u otra sugieren que si no ganas no eres un ganador, que si pierdes eres un perdedor, que para *ser* necesitas tener, y que en este mundo basta hacer *cualquier estupidez* para ser reconocido.

En medio de esta división entre *triunfadores y fracasados*, hemos olvidado que la verdadera esencia del triunfo no tiene que ver con el entorno, sino con nosotros mismos y nuestra entrega ante cada acción. Ni las medallas, ni el mercado, ni los halagos crean la auténtica victoria… y ni mucho menos la derrota. El único lugar en el que ganamos o perdemos es dentro de nosotros.

Una derrota nunca actúa en solitario, necesita un cómplice y ese eres tú. Si cuando no consigues lo que te proponías te dejas comer por la tristeza, te culpas y no vuelves a intentarlo cuando aún puedes hacer más, tú mismo estás consintiendo la derrota. Si, por el contrario, a pesar de tu dolor eres capaz de reponerte, hacer del fracaso aprendizaje, volver a lanzarte con alegría y vencer a esas voces que te piden que abandones, estarás logrando el triunfo más auténtico que se pueda lograr.

Cuando uno elige darlo todo, el resultado se vuelve algo externo ante lo que poco más se puede hacer. No existen las garantías. En un mundo en el que muchas fuerzas entran en juego, sería pretencioso pensar que todo depende de nosotros. Por este motivo, el verdadero desafío reside en hacer todo cuanto esté en nuestra mano y encontrar en nuestro esfuerzo motivos suficientes de celebración.

El mundo no se divide entre los que lo consiguen y los que no, sino entre los que se esfuerzan y los que no, los que lo intentan y los que dicen «¡Va, esto no va conmigo!». Todo el mundo tiene sueños, pero no todos se atreven a perseguirlos.

En el ruedo de la vida —el mundo exterior— nunca tendremos pleno control sobre el triunfo. No podemos elegir ganar, pero lo que sí podemos decidir es con qué traje volvemos a casa, si con uno brillante e impoluto o con uno lleno de barro y agujeros. Si bien nadie puede de antemano asegurarse una victoria, siempre queda un espacio para elegir la calidad, el honor y el decoro de —si ha de darse— la derrota.

Si has de perder, que sea merecido. Gánate el *no*.

—El cementerio está lleno de valientes —me dijeron.
—Sí, pero son los que más flores tienen —respondí.

Quiero, luego insisto

He trabajado 14 horas diarias durante
37 años... ¡y ahora me llaman genio!

PABLO SARASATE

Hay tres momentos clave en una decisión: dónde pones la coma, cómo usas el «es que» y qué pones detrás del pero. Si dices «Lo quiero, pero es que es difícil» o «Es difícil, pero es que lo quiero».

Cuando descubres tu pasión, la pregunta no es si eres capaz; la pregunta es si la amas lo suficiente como para entregarte a ella. Si no sabes bailar pero con paciencia y perseverancia dedicas una hora cada día durante dos años, bailarás. Quizá no logres ser un bailarín de élite, pero bailarás. Igual ocurre con escribir, tocar un instrumento o casi cualquier ejercicio que te propongas. No existe la ineptitud para quien dedica cientos de horas al desarrollo de una habilidad. A mayor tiempo invertido, mayor destreza.

La maestría es hacer con destreza lo que otros perciben como magia.

El dominio de cualquier habilidad no es fruto de una capacidad innata, es fruto de la práctica. Nadie nace siendo bueno en nada. Ni Michael Jordan empezó machacando la canasta, ni la primera escultura de Miguel Ángel fue *El David*, ni Paco de Lucía compuso *Entre dos aguas* el día que le regalaron su primera guitarra. Aunque seguramente nacieron con algún tipo de predisposición que les hiciera aprender más rápido, lo que es seguro es que ninguno de estos u otros maestros decidió abandonar en sus comienzos por no verse «lo suficientemente bueno». Ninguno de ellos sucumbió ante el que llamaremos «círculo del miedo»:

Como no sé hacerlo, lo temo; como lo temo, no lo hago; como no lo hago, no aprendo; como no aprendo, no sé hacerlo; y como no sé hacerlo, lo temo.

Cada uno de nosotros dispone a lo largo de la vida de unos recursos diferentes. Hay quien tiene más dinero, mejores contactos u otras facilidades que le sitúan en un punto de partida más favorable. Sin embargo, esto no es garantía de nada. Hay quien con mucho consigue muy poco y quien con poco es capaz de lograr mucho. Dado que vivimos en un mundo con recursos limitados, el éxito de cualquier empresa no solo depende de cuánto tienes sino de la gestión que hagas con lo que tengas. Así, con independencia de que dispongas de más o menos dinero, mejores o peores capacidades, o de que hayas nacido en uno u otro lugar, existe un recurso mucho más valioso y del que todos disponemos: el tiempo.

Lo que nos iguala a todos es el tiempo; lo que nos diferencia es lo que hacemos con él.

Practicar y practicar. Ahí reside la genialidad. Las personas que solemos considerar genios no son más que personas que decidieron organizar su tiempo de forma diferente, otorgando foco y prioridad al desarrollo de su habilidad. Es precisamente en la gestión del tiempo donde cada uno decide hasta dónde quiere llegar. Puedes dormir ocho horas, o puedes dormir seis. Puedes terminar tu trabajo y sentarte en el sofá a ver la tele, o puedes terminarlo y ponerte a practicar. Puedes pasarte la mañana de un domingo de resaca, o puedes quedarte estudiando toda la noche del sábado. Todo depende del precio que estés dispuesto a pagar. El talento, más que a una capacidad innata reservada para unos elegidos, se parece a una creencia. Una simple creencia. La creencia de que lo único que nos va a hacer dominar una materia con destreza es dedicar horas y más horas. Quien integra, asume y convive con este convencimiento tiene sembrada en su interior la semilla del triunfo.

Si de verdad quieres, insiste.

Eres lo que amas

Dedicarse a servir cervezas o llevar pizzas
no te quita dignidad. Tus abuelos lo llamaban de otra forma: oportunidad.

BILL GATES

Todos admiramos esas historias en las que una persona es
capaz de romper con todas las fuerzas que le empujan a ser
uno más y empieza su propio camino. Nos gusta ver cómo
se lanza a la aventura, cómo da la vuelta al mundo con su
pequeña cámara de fotos y cómo, tras años de trabajar en
una vieja cafetería o estudiar a la luz de una vela, es capaz
de ver realizada su ilusión. En libros y películas, nos encanta topar con personajes sumergidos en hazañas y proezas, pero después, en la vida real, renunciamos con facilidad a convertirnos en nuestros propios héroes. ¿Por qué
dejar que las gestas siempre pertenezcan a los demás?

Cuando alguien termina sus estudios o cuando descubre qué es aquello que le apasiona, lo más probable es que no disponga de unas capacidades lo suficientemente desarrolladas como para poder ganarse la vida con ello. Sin embargo, y como suele decirse, «de algo hay que comer». Es en este momento en el que, por buscar un trabajo que cubra las necesidades básicas, el riesgo de abandonar una pasión se hace más grande. ¿Por qué un trabajo nutricional y una pasión han de ser incompatibles?

De nada sirve que alimentemos nuestro estómago si nos olvidamos de alimentar nuestra pasión.

Entre las grandes biografías es sencillo encontrar historias en las que sus autores relatan cómo antes de convertirse en estrellas tuvieron que trabajar repartiendo periódicos, cortando el césped o vendiendo palomitas. Estas personas que de alguna manera han influido o transformado nuestro mundo tenían algo en común: no dejaron que un trabajo de transición se interpusiera en su sueño.

Si trabajas ocho horas en una pizzería y al terminar te pones a pintar, no eres pizzero, eres pintor. Eres lo que amas, no lo que te da dinero.

Es posible que tu pasión tarde en darte dinero, y que hasta que eso ocurra tengas que buscar un trabajo nutricional o de mantenimiento. No importa si este no tiene ninguna relación con lo que tú deseas o incluso si no está muy bien visto a ojos de los demás. Lo que importa es que cuando termines tu jornada te entregues con entusiasmo y dedicación a esa actividad que te enamora. En ocasiones, vale más apoyarse en un trabajo que no tenga nada que ver con nuestro sueño y al terminarlo poner todo nuestro corazón en lo que amamos que asentarse en uno que se parezca y quedarse ahí. Al final, lo que muchas veces distingue a la gente que alcanza sus ilusiones de la que no es lo que hace al salir de la pizzería.

Pensamos que trabajar en un empleo que requiere baja formación es rebajar nuestra categoría. Ambicionamos el cielo e infravaloramos el suelo, ignorando que ambos son parte de una misma cosa. Es por este motivo que muchas personas se quedan en la zona media: como no utilizan el suelo, no pueden saltar; y como no pueden saltar, no alcanzan el cielo.

Lo que convierte una historia en hazaña no son los pasos que damos sobre un camino recto y asfaltado, sino los puentes que construimos sobre los ríos y desniveles. Es posible que mientras construimos el puente hacia nuestro sueño tengamos la sensación de que no avanzamos o de que lo hacemos a poca velocidad. Por eso, es importante recordar que cada uno de los maderos, cuerdas y clavos que ponemos en nuestro puente no son una pérdida de tiempo, sino una parte imprescindible del plan.

El puntito de suerte

> Suerte es lo que sucede cuando la preparación y la oportunidad se encuentran y se fusionan.
>
> VOLTAIRE

El único motivo para quien no compra lotería es pensar «a mí no me va a tocar». Y, efectivamente, no le toca.

Aunque las personas podemos llegar a ser muy poderosas, nuestro poder no es ilimitado. Sería muy osado pensar que nuestras decisiones y nuestras acciones son los únicos factores que influyen en nuestro resultado. Mientras vivamos en un entorno —mientras no vivamos solos— el resultado no dependerá únicamente de nosotros. Hace falta algo más. Es aquello de «estar en el lugar adecuado en el momento adecuado». Hay quien a esto lo llama *suerte, casualidad, serendipia, causalidad*... o, simplemente, incertidumbre ante lo que ocurrirá y escapa a nuestros cálculos.

De una incertidumbre nace siempre un desafío. Es ante lo incierto donde nuestra acción cobra sentido y donde nos convertimos en seres de valor. Como sin duda habrás comprobado, el mundo no se rige por la justicia, el mérito o la calidad. No son siempre los *mejores* cantantes los que llenan los estadios, ni los mejores escritores los que venden más libros. ¿Cuántos diamantes habrá bajo tierra? La calidad y el reconocimiento son cosas diferentes. Mientras que la primera depende de nosotros, lo segundo escapa a nuestras manos.

Ser bueno (o incluso excelente) no asegura nada, pero sí aumenta nuestras opciones. Es posible que nadie te aplauda, que no reconozcan tu esfuerzo, que caiga sobre ti la injusticia, el demérito o la incomprensión. Si eso ocurre, es cuando con más fuerza debes empujar. Al no existir las garantías, solo nos queda un reto: incrementar las posibilidades.

La victoria es una consecuencia que no está en nuestra mano de algo que sí lo está: el esfuerzo, el empeño y el corazón.

La mayoría de nuestros objetivos en la vida no son un producto que se compra o se intercambia, sino resultado de una rifa que te toca o no. Esto no es una invitación a bajar los brazos o dejarse ir, sino a trabajar por tener el mayor número de boletos. Si bien nunca podremos tener todos los números (si no, no sería una rifa), sí podemos trabajar por tener los máximos posibles y participar en el mayor número de rifas.

El triunfo nunca se presenta demasiado pronto… ni demasiado tarde. En la naturaleza no existe el concepto «pronto» o el concepto «tarde». Las cosas ocurren cuando deben ocurrir, cuando los elementos encajan. Hasta entonces solo puedes encargarte de cumplir con tu parte por si eso ocurriera. Mientras esperamos nuestro momento lo único que podemos hacer es mejorar. Crecer.

¡Pon la estadística a tu favor! Trabaja con las posibilidades, mejora tus porcentajes, juega en todas las rifas que puedas y ábrete a crecer, porque un día saldrá tu número y más vale que lo hayas comprado.

La sinfonía del esfuerzo

¿Cómo notas la diferencia entre una flor
que está viva y una que está muerta? La que
está creciendo es la que está viva.

WAYNE DYER

Si estás familiarizado con libros de desarrollo personal, es
probable que alguna vez hayas leído algo acerca de lo que
dentro del *campo* se conoce como *La ley del mínimo esfuerzo*.

Según esta teoría, todo en la naturaleza se guía por el
principio de la «no resistencia» y el menor gasto de energía posible. De esta manera, así como un pájaro no se
esfuerza en volar o un pez en nadar, la opción más acertada es *siempre* aquella que conlleve menor grado de sacrificio. «La naturaleza no requiere esfuerzo para seguir

adelante. Menos es siempre más.» Por este motivo, el camino para lograr un mayor disfrute de la vida —proponen— pasa por abandonar el control y dejarse llevar (fluir) por nuestra *esencia*.

Un segundo argumento para los defensores de esta *ley* es la idea de que amar y esforzarse son acciones incompatibles: «Si amas algo de verdad no sientes que te suponga un sacrificio. Simplemente lo haces. Sin más».

¿Ocurre así realmente?

Aunque esta teoría tiene algunos aspectos muy positivos para nuestro bienestar, existen otros que es preciso revisar, especialmente aquellos que tratan sobre la relación entre el amor y el esfuerzo.

Amor y esfuerzo, lejos de ser incompatibles, se necesitan. El esfuerzo requiere amor para darle dirección y el amor requiere esfuerzo para no morir. Dicho de otra forma, lo que supone esfuerzo no es amar, es crecer; y el amor, como todo aquello que está vivo, no puede sobrevivir sin crecimiento.

> *Amor y esfuerzo son dos caras de la misma moneda. Nombre y apellido. Si amas, te esfuerzas; si te esfuerzas, evidencias que amas.*

En la mayor parte de las ocasiones, el crecimiento precisa esfuerzo. Al menos, el crecimiento orientado. Reinventarse, aprender, desaprender, educar los gustos, ahorrar, cuidar la salud, etc., no son gestos que no conlleven algún tipo de renuncia, sacrificio o, incluso, dolor. *La teoría del mínimo esfuerzo* parte de un estado tan ideal como inexistente, pues si bien es cierto —como señalan— que cuando algo se ama plenamente no existe sensación de renuncia, también lo es que nadie parte de un punto de salida perfecto.

Todos llevamos la mochila llena de defectos, hábitos y creencias que debemos descargar para vivir plenamente en el amor. Y esto requiere esfuerzo. En un ejemplo: claro que no fumar no cuesta… ¡a no ser que seas fumador! Para quien se halla bajo los efectos de este vicio, aprender a vivir sanamente no es precisamente un camino de rosas. El esfuerzo no puede ser mínimo cuando tienes que luchar contra tus defectos, ni cuando tienes una ambición o cuando quieres mejorar algo de ti que afecta a tus seres queridos. Liderar tu vida, evolucionar y convertirte en quien tú quieres exige sacrificios.

Al igual que ocurre con la superación y la búsqueda de la felicidad, ocurre con el amor de pareja. Extraña es la relación que excluya momentos de dureza. Sería ilusorio pensar en un estado de eterna y permanente alegría. Tanto en las relaciones entre personas como en el camino a la plenitud hay momentos de esfuerzo y superación que no son contrarios al amor, sino pruebas evidentes de que se ama.

Pasión y esfuerzo no son contrarios, al igual que comodidad y felicidad no son sinónimos.

Uno puede argumentar que se puede aprender sin esfuerzo, y es totalmente cierto. Así ocurre con muchas de nuestras capacidades, como caminar o aprender una lengua cuando somos niños. Aunque todos tuvimos tropezones y correcciones en nuestra habla, se trata en ambos casos de procesos que *vinieron* a nosotros casi de forma natural. Otro ejemplo —en este caso más simple, pero que sirve igualmente para ilustrar la situación— sería el de todas las canciones que sabemos de memoria. ¿Has pensado alguna vez cuánto tiempo seguido podrías estar cantando si pusieras uno tras otro cada uno de los fragmentos de las canciones que conoces? Habrá quien pueda estar horas cantando y habrá quien pueda estar días. ¿Cuánto esfuerzo has invertido en ello? Prácticamente ninguno. «La letra (no siempre) con sangre entra.» Nuestro cuerpo y nuestro cerebro están preparados para aprender de una forma natural, pero el verdadero reto reside en liderar y elegir los aprendizajes que hacemos. Aprenderse el *Aserejé* o *La Macarena* puede no suponer apenas esfuerzo, pero eso no nos producirá más que un rato de diversión que, aunque no es poco, tampoco es mucho.

La naturaleza es sabia y maravillosa, pero a veces es preciso dar un paso más. Si queremos crecer, desarrollarnos y aspirar a las cotas más elevadas, es fundamental que demos algo más de lo que *nos pide el cuerpo*.

Quizá, como defienden los defensores de *la ley del mínimo esfuerzo*, el esfuerzo no sea algo natural, pero… ¿acaso lo es una preciosa sinfonía de violín?

Las cosas importantes cuestan.

Un salto de altura

> Si sabes lo que vales, ve y consigue lo que
> te mereces.
>
> ROCKY BALBOA

En el imaginario de nuestra vida existe un listón: están los que lo pasan por debajo como el limbo y los que lo pasan por encima haciendo salto de altura.

De entre todas las necesidades básicas del ser humano, hay una especialmente desatendida: crecer. Si bien es cierto que la búsqueda de seguridad, placer, amor, conexión, etc., son los pilares de nuestro edificio, el progreso personal es la cúpula que lo embellece. Dar el salto hacia la superación de nuestros límites constituye, frente a los pasadores de limbo, nuestro salto de altura.

Hoy en día, hay mucha gente a la que no le gusta el concepto *mejor*. Estas personas defienden que «nada es mejor que nada» y que, como «todo es relativo», no se debe comparar. Por el contrario, para las personas exigentes, esta palabra no se puede sustituir y mucho menos suprimir. ¿Qué hay de mejorar nuestras relaciones, nuestros defectos, nuestras capacidades… o de mejorar, por ejemplo, el medio ambiente?

Si no existiera lo mejor, no se podría mejorar.

Uno de los primeros pasos para crecer es entender la diferencia entre mejorar y mejorarse, o mejor, descubrir que mejorar es mejorarse. El camino a la excelencia requiere superación, hambre y ganas de ser mejor. Es una *lucha* con uno mismo, no contra los demás. No se trata, por tanto, de mejorar para superar a otros o para alcanzar los primeros puestos del ranking. Se trata de mejorar porque la propia calidad de tu existencia va a mejorar, porque tus límites se van a ensanchar y porque tu vida se va a enriquecer.

¿Verdad que la comida está más rica cuando tienes mucha hambre? Pues la vida igual. El mundo es un pastel que ni se

reparte a partes iguales ni tiene repartidor. Aquellos que tie-
nen más hambre se llevan los trozos más grandes.

Para quien aspira a un buen trozo del pastel, una de sus palabras mágicas es *más*: aprender más, conocer más, esforzarse más, leer más, viajar más… Ellos saben que no existe área ni momento en los que no podamos crecer, y que si algo tiene de bueno que nunca vayamos a ser *perfectos* es que siempre podremos mejorar.

Nadie debería pasar de puntillas por el mundo cuando puede pisar fuerte.

Pon tu orgullo y tu amor propio al servicio de crecer y trascender tus límites. Inconfórmate y aspira a las cotas más altas sin confundir el perfeccionismo con la sana exigencia. Sé más humilde, más generoso, más valiente, más interesante… Recuerda el poder de la palabra *más*.

Saca lo mejor de ti y cuando creas que no puedes más o no sepas por dónde seguir haz dos montones. Sí, es cierto que no es todo blanco o negro y que existen los grises. Pero tú haz dos montones. Coloca en uno de ellos lo que ahora eres y en otro aquello en lo que te podrías llegar a convertir. Después, ponte delante de ellos y decide hacia cuál empiezas a caminar.

Ha llegado el momento de dejar de vivir como aficionados y empezar a hacerlo como maestros.

Los cazadores de oportunidades

Las medallas se ganan durante el entrena-
miento. El día de la competición solo vamos a recogerlas.

Anónimo

Las grandes oportunidades son como un examen sorpresa:
se presentan en cualquier momento sin importarles que
estés preparado o no. Si estás listo, adelante; si no, al hoyo.

En el partido de la vida no vale con saltar al campo con-
fiados en que la motivación sacará siempre lo mejor de
nosotros. Es mucho más que eso. En el partido de la vida,
se juega como se entrena.

Aunque la lógica podría hacernos creer que una menor
entrega en las tareas pequeñas nos mantendrá más fuertes
para las más importantes, lo cierto es que en la realidad no

ocurre así. Quien, cuando puede, no ofrece lo mejor de sí mismo, lejos de ahorrar energías, oxida sus capacidades.

El crecimiento personal no es una asignatura de colegio en la que cuando suena el timbre te vas a casa y «hasta el próximo lunes». El crecimiento personal es una asignatura que abarca toda la vida y todos los escenarios. Desde los más pequeños hasta los más grandes.

Todas las acciones suman. Desde hacer la cama por la mañana hasta dejar la ropa bien doblada por la noche. Desde esforzarse por hablar o escribir con propiedad hasta devolver esa llamada que teníamos pendiente. La excelencia no tiene interruptor: así como eres ante lo pequeño, eres ante lo grande.

Cada actividad de nuestra vida es una oportunidad de entrenamiento que configura nuestro carácter.

La excelencia es un hábito que se forja cada día, en cada acción. Cuando nos dejamos arrastrar por la pereza, la dejadez o la excesiva comodidad, una parte de nosotros deja de crecer y, cuando esto ocurre, perdemos potencial para el momento en que se presenten las grandes oportunidades.

No existen los privilegios. Los que más se entrenan son los que, ante los grandes desafíos, se comen la tostada; los que menos, los que acaban quedándose con hambre.

A la vida le da igual si es o no tu momento perfecto. *Ella* nunca avisa. Se pone delante y si estás preparado es cosa tuya.

Por supuesto, no se trata de volvernos unos perfeccionistas o unos fanáticos del orden, sino de comprometernos lo más que podamos con cada acción. Que lo que hagamos, lo hagamos bien.

Recuerda: detrás de una persona disciplinada, hay siempre un cazador de oportunidades.

Una vida ordenada empieza por ordenar todas las partes de tu vida. Cuando uno es joven no entiende muy bien la importancia del orden. Objetivamente, tu vida no mejora por tener tus camisetas bien dobladas o la ropa sucia en el cesto de la ropa sucia. Lo que haya de por medio, se salta y ya está. (Evitarte un salto tampoco cambia el curso de tu vida.) El problema viene cuando algo grande aparece en tu vida y no te queda espacio donde colocarlo. ¿Qué haces entonces? ¿Renuncias a ello?

Tu mejor currículum es tu personalidad

No todas las personas con éxito han tenido vidas logradas. Por desgracia para
ellos. No todas las personas con vidas
logradas han sido exitosas. Por desgracia para nosotros.

LUIS HUETE

Que nos pregunten «qué quieres ser de mayor» y respon-
damos con una profesión dice mucho acerca de los valores de nuestra cultura. No se trata de una pregunta sobre-
entendida, sino de una sutil creencia de que somos lo que
producimos.

Disponer de títulos académicos es una decisión acertada
y en ocasiones imprescindible. No obstante, lo que realmente va a marcar la diferencia es tu forma de ser. Viajar,

leer, escuchar, visitar centros culturales, conciertos, abrirse al amor, compartir con los amigos o ayudar a los demás puede resultar más enriquecedor que cualquier diploma y, sin embargo, es menos tenido en cuenta. Hay quien podría argumentar que todo eso no es prioridad si buscas un trabajo —pues no se escribe en el currículum—, pero la cara y los ojos no engañan: ya sea en un trabajo o en un bar, a las grandes personas todo el mundo las quiere cerca.

¿Cuánto tiempo dedicas a obtener títulos? ¿Cuánto dedicas a ser mejor persona?

El desarrollo profesional es solo una rama del desarrollo personal, una *matrioska* pequeña dentro de una *matrioska* grande. Limitar el aprendizaje a las capacidades o habilidades laborales y olvidarse de ensanchar como seres humanos es volar demasiado bajo, algo así como aprender todo lo posible sobre barcos, pero nada sobre el mar.

Aunque hoy en día se habla de una *generación sobrecualificada*, es muy común ver a personas que no dicen «buenos días» al llegar a la oficina, o *compañeros* que no te ayudan porque «a él no le pagan por eso». Si nos medimos en términos de producción, somos una sociedad muy preparada, pero somos más que un informe bien redactado, una entrega a tiempo o un buen balance de cuentas: somos seres humanos.

La tendencia que reclama, ya no el mercado en particular, sino el mundo en general, no es solo a la especialización productiva, sino al pleno desarrollo de las potencialidades humanas. Dicho de otra forma: el futuro pasa por ser una gran persona. Un mundo cada vez más inteligente no obvia que la máxima expresión de la inteligencia es la bondad y la humanidad.

Todo lo que escribas en tu currículum lo podrán escribir muchos otros. Siempre habrá quien incluso pueda añadir más idiomas que tú, más experiencia que tú y más referencias que tú. ¿Por qué iban a elegirte a ti? Si de verdad quieres destacar, invierte en desarrollo personal. Quizá no seas *tan bueno* haciendo algo, no importa, ya lo serás: la gente alegre, humilde, proactiva y optimista aprende rápido.

En nuestro tiempo, el mayor elemento diferenciador no es que seamos capaces de producir mucho y bien. Eso muchos pueden hacerlo. El elemento diferenciador es que seamos personas íntegras y nobles, pues a eso pocos están dispuestos.

Quizá pienses que solo triunfan los egoístas o los despiadados, que hace falta ser un león y que este mundo es una selva. Todo depende de lo que entiendas por triunfar. Si para ti triunfar es tener dinero, estatus o fama, o si para ti triunfar es ser una persona extraordinaria de los pies a la cabeza.

Así que, ya sea tu profesión o tu sueño, tocar el piano, ser médico o jugar al fútbol, no trabajes solo para ser bueno de cabeza, pies o manos. Hazlo, además para ser bueno de corazón, porque aunque parezca que no produce nada, es de donde parte la sangre que riega todo lo demás.

Ningún currículum podrá nunca resumir tu historia.

Invierte en desarrollo personal. Lee mucho, viaja, trabaja tus defectos, rodéate de ambientes interesantes, elimina la basura de tu vida, trabaja la humildad y el amor, escucha, enfádate con la pereza, suda, curioséalo todo… No pienses tanto en los títulos y conviértete en una persona de calidad. Recuerda: a las grandes personas todo el mundo las quiere en su equipo.

Tu mejor currículum es tu personalidad.

La segunda ley de la termodinámica

> Un hombre sólo tiene aquello que no
> puede perder en un naufragio.
>
> Anómino

Imagina una botella de cristal que cae al suelo y se rompe en mil pedazos. Ahora intenta recomponerla. No se puede. Lo que antes era una figura perfecta se ha deshecho en tan solo un golpe. Sin embargo, una vez rota, no existe golpe ni pegamento que pueda devolverla a su estado original.

En toda transformación natural se produce una pérdida de energía que hace imposible su vuelta atrás. Por eso, de hoy se pasará a mañana, pero mañana nunca pasará a ser hoy. Lo que se pierde, se pierde. En física esto se conoce como segunda ley de la termodinámica o principio de entropía, y es la responsable de que la historia suceda hacia delante en lugar de hacerlo hacia atrás.

Al igual que ocurre con este principio, cuando por medio del trabajo *convertimos* nuestro tiempo en dinero, se produce siempre una pérdida (entropía). Esto se debe a que, mientras que el dinero va y viene, el tiempo solo *va* —de manera irreversible—, sin que podamos hacer nada para que vuelva. De esta forma, podemos canjear nuestro tiempo por dinero, pero no podemos canjear nuestro dinero por tiempo, o no sin que en el proceso perdamos algo.

Uno no muere porque se quede sin dinero. Muere porque se queda sin tiempo.

La materia prima de la vida no es ni el agua, ni el aire, como tampoco lo es el dinero. La materia prima de la vida es el tiempo. Cuando este se acaba, no hay más. Por este motivo, lo que realmente marca la diferencia entre unas existencias y otras es la gestión que cada uno haga de él. Una vez aceptamos esto, cabe detenerse a pensar: ¿estamos viviendo al servicio de aprovechar y disfrutar el tiempo o nos hemos *distraído* con otros recursos como el dinero, la acumulación de bienes y la búsqueda de un falso éxito? ¿Qué hemos puesto en el centro?

Bajo los efectos del imparable consumismo, hemos llenado nuestra vida de objetos y experiencias altamente prescindibles. Si lo analizamos con atención, podremos observar que la mayoría de las cosas que creemos indispensables en el fondo no las necesitamos. Con independencia de la época en la que vivamos, los grandes placeres siempre han sido los mismos: relacionarse, hacer el amor, rodearse de naturaleza, jugar, comer, beber… y siempre han requerido mayores dosis de tiempo que de dinero. El resto son solo sofisticaciones y variaciones de estos placeres. Si alguien piensa que el hombre moderno ha inventado la felicidad, y que sin el último modelo de televisor o las nuevas deportivas de su jugador favorito no se puede tener una vida plena, está claramente equivocado. Ser capaces de encontrar el equilibrio y aprender a distinguir lo realmente importante de lo meramente accesorio constituye una de las mayores inversiones que podemos hacer para nuestro bienestar.

Se llama «ganarse la vida» a ganar dinero, pero por ganar dinero muchos se pierden la vida.

El mismo ser humano capaz de hacer cosas extraordinarias es también *ese ser extraño* capaz de trabajar diez o más horas al día para pagar una gran casa en la que no está porque está trabajando… ¡para pagar la casa! Esto no es —ni mucho menos— una crítica al trabajo, sino una reivindicación del buen uso del tiempo. De esta manera, trabajar a lo largo de muchas horas porque lo amas, porque si no no comes o porque tu familia realmente lo necesita, tiene sentido, pero hacerlo porque de lo contrario no puedes vestirte a la última, ir a ciertos restaurantes o comprar más aparatos, no lo tiene.

De alguna forma, el dinero es solo tiempo en formato papel. Así, podemos encontrar billetes de una hora de trabajo, de un día, y hasta cheques de varios años. En otras palabras: las cosas no cuestan dinero, cuestan tiempo.

¿Cuántas horas trabajas al día para comprar cosas que no necesitas?

Sin gasolina ni aeroplano

La sencillez es hacer el viaje de esta vida
con el equipaje justo y necesario.

CHARLES DUDLEY

Si eres un poco despistado, probablemente te haya sucedido alguna vez lo mismo que me ocurrió a mí hace años. Tras elegir la ropa y arreglarme todo lo que puede arreglarse un adolescente, caí en la cuenta de que entre mis cosas no estaba mi cartera. Había quedado en una hora y *necesitaba* encontrarla inmediatamente. La busqué por todas partes. Miré en los cajones, las mesas, bajo la cama e incluso en el suelo de las calles que había recorrido la última vez que salí de casa. Nada. La conclusión era *evidente*: ¡me la habían robado! Hecho una furia, cancelé mis planes y me dirigí a la comisaría decidido a denunciar *aquel ultraje*. Un año después, preparándome también para salir con unos amigos, saqué del armario un abrigo que apenas utilizaba. Para mi sorpresa, descubrí en uno de los bolsillos algo con lo que no contaba. No me lo podía creer… ¡Ahí estaba la cartera!

La búsqueda de la felicidad es un viaje que comienza dentro de nosotros. Ni te la han robado, ni está en otro lugar.

Estamos acostumbrados a pensar que si algo no se *tiene* debe adquirirse fuera en lugar de desarrollarse desde dentro. Nos gusta más ir al supermercado que autoabastecernos; más comprar el árbol que plantar la semilla. No obstante, lo que nos va a convertir en personas fuertes y plenas no es aquello que obtengamos en un mercado o a través de resultados externos, sino aquello que hagamos con las capacidades y talentos que por naturaleza nos pertenecen. Poner el foco en el exterior en lugar de hacerlo en el interior no solo afecta a nuestra autoestima y al buen funcionamiento social, sino que coloca nuestra vida en manos de las circunstancias.

Viceroy decía: «No es lo que tengo, es lo que soy». Mientras, intentaba venderte el reloj.

Es fundamental que memoricemos esto: la felicidad no se encuentra, se genera. Nada ni nadie va a hacerte feliz si no estás abierto a percibir cada cosa que proviene del exterior como un regalo y no como una necesidad.

«La felicidad —escribe Anthony de Mello— es bastantidad.» Esto es, saber contentarse sin tener que estar siempre buscando algo nuevo, distinguiendo en todo momento el bajo conformismo de la sana aceptación. Es comprender que no hace falta siempre *lo mejor* para ser felices. Bastantidad es saber que cualquier lugar puede ser un paraíso si se cierran los ojos… o si se abren adecuadamente. Bastantidad es, a fin de cuentas, sencillez.

En el siguiente discurso de Chico Marx en *Una noche en la ópera* reside la esencia y trascendencia de la sencillez:

Nuestro viaje fue una odisea digna de figurar en la historia, aunque nunca la iban a creer. (…) Os diré cómo llegamos al Polo. En el primer vuelo que emprendimos se nos agotó la gasolina en mitad del océano y tuvimos que volver. Entonces cargamos doble cantidad. No nos faltaba para aterrizar ni medio metro y ¿qué pasó? Que de nuevo se nos agotó la gasolina. Y hala, otra vez a casita, que llueve. La tercera vez llevábamos gasolina hasta en las alas. Ya estábamos en mitad del camino, y ¿qué dirán ustedes que pasó? ¡Se nos olvidó el aeroplano! Entonces nos sentamos en corro para deliberar. Y al instante se me ocurrió una gran idea: ¡No hacía falta gasolina! ¡No hacía falta aeroplano! Y así descubrimos el Polo.

Para los grandes descubrimientos pocas veces hace falta mucho. Quien sabe desenvolverse en el camino no necesita cargar con demasiado. Esto fue lo que debieron aprender los hermanos Marx en su viaje al Polo. Por eso se deshicieron del aeroplano, por eso de la gasolina… ¡y por eso llegaron!

Si estás en el baile has de bailar

> Las personas más bellas con las que me
> he encontrado son aquellas que han cono-
> cido la derrota, el sufrimiento, la lucha, la
> pérdida y han hallado su forma de salir
> de las profundidades. La gente bella no
> surge de la nada.
>
> ELISABETH KÜBLER-ROSS

Según la mitología griega, el dios Plutón, enfurecido por el engaño y astucia de Sísifo, condenó a este a arrastrar una enorme piedra hasta la cima de una montaña duran- te toda la eternidad. Cada vez que llegaba a lo alto, el peñasco caía y tenía que volver a empezar. A pesar de la insoportable dureza de la condena, lo que convertía el castigo de Sísifo en algo verdaderamente dramático no era cargar cada día con la misma piedra, era hacerlo cada día sobre la misma montaña. «Si se tratara de diferentes colinas —señala Dan Ariely— por lo menos tendría sensación de progreso.»

El dolor es una parte inseparable de la existencia. A no ser que te hayas paseado por la vida de una manera tan cauta que no hayas recibido un solo rasguño, lo normal es que *a estas alturas* cuentes con algunas cicatrices. Solo un mal general termina la batalla con el traje limpio. Quien ha vivido y amado de verdad sabe que no es posible irse de *aquí* sin haberse dejado nada en el camino.

En cada uno de nosotros hay razones que justifican nuestro pequeño *desastre*. Nacimos sin permiso y sin un manual que nos dijera cómo hacer frente a la pérdida de una persona amada o un sueño desvanecido. Somos hijos de unos padres que, como nosotros, hicieron lo que supieron y resultado de unas circunstancias que en ningún momento obraron con nuestra aprobación. Mirado en perspectiva, el verdadero milagro al que podemos aspirar no es a una vida carente de heridas, sino a una en la que, a pesar de una mochila llena de piedras, seamos capaces de llevarla con alegría y dignidad.

No te castigues si has naufragado, felicítate por ser un superviviente.

«La libertad —escribió Sartre— es lo que haces con lo que te han hecho.» El dolor, la pérdida o la desesperanza son sentimientos universales. Todos (sin excepción) acabamos expuestos a ellos en varios momentos de nuestra vida. Sin embargo, ¿por qué ante el estrés o la dificultad algunos logran reponerse cuando otros se quedan atascados? ¿Por qué hay quien con buenas circunstancias es desdichado y quien de entre el lodo es capaz de hace crecer una flor? La diferencia está en que mientras los primeros dejan su presente en manos de su pasado, los segundos encuentran en el presente y el futuro nuevos motivos a los que agarrarse. Lo que para unos es final, para otros es principio.

Por incómodo que resulte, el dolor es una realidad ineludible, en ningún caso un estilo de vida. Se trata de aprender a vivir con él y no en él, de aceptarlo como compañero sin llegar a convertirlo en viaje.

Ata una cuerda a un coche y empieza a tirar con todas tus fuerzas. Poco a poco comprobarás cómo, a pesar de sus más de mil kilos, consigues arrastrarlo. Al principio costará más, pero a medida que avanzas, el coche se hace menos pesado. Ahora suelta la cuerda, ponte debajo y trata de levantarlo. No puedes. La conclusión es la siguiente: toda carga se hace menos pesada si, en lugar de quedarnos parados, avanzamos con ella.

En una vida a corazón abierto, el dolor —al igual que la alegría— se viene con nosotros. No es posible dejarlo en tierra. Por eso, ya sea mucho o poco lo que cargas en tu mochila, recuerda que siempre hay un motivo por el que luchar y otros lugares a los que llevar tus fuerzas. Nosotros, a diferencia de Sísifo, aunque también tengamos nuestra piedra, sí podemos elegir nuevas montañas.

Si estás en el baile has de bailar.

No tengas nada, experiméntalo todo

—No sabía que el señor Kane coleccionara diamantes.

—No, colecciona a una persona que colecciona diamantes.

Ciudadano Kane,
ORSON WELLES

De todos los miedos que existen, el más paradójico es temer la felicidad.

Cuando estamos abajo, aunque no nos guste, sabemos que todo lo que venga solo puede ser mejor. Justo al contrario de lo que ocurre cuando estamos arriba. En temas de satisfacción, nos gustan más las escaleras que los toboganes. Aceptar que el siguiente paso puede llevarnos tanto a una zanja como a un escalón de subida es la primera premisa para no quedarnos bloqueados y atrevernos a caminar.

Si bien en la adversidad nos sentimos más desdichados, en la dicha nos sentimos más vulnerables. Como escribe Brené Brown, «es más fácil vivir en la decepción que sentirse decepcionado. Te sientes más vulnerable cuando entras y sales de la decepción que cuando tienes en ella tu campamento permanente. Sacrificas la dicha, pero sufres menos». En demasiadas ocasiones, lejos de disfrutar cuando todo va viento en popa —y a toda vela—, nos preocupamos en exceso por si deja de soplar y nos quedamos en medio de la mar.

¿Quién podría temer la felicidad? —quizá sigas pensando—. Aquel que teme perderla. ¿Y quién puede temer perder? Aquel que cree que algo le pertenece.

La tendencia del ser humano a adueñarse de lo que le rodea provoca que pocas cosas puedan perturbarle más que verse despojado. «Si no tengo, ¿quién soy?», podría preguntarse. Así, mientras piensa y busca fórmulas para no perder, olvida que la solución es no poseer. Las tenencias son artificios del hombre (principalmente del occidental). El verbo *tener* (poseer) indica propiedad, y la propiedad no es otra cosa que un «autoagenciamiento» de algo que o no es de nadie o es de todos. La cosa vendría más o menos a ser así:

Alguien algún día dijo «Esto es mío». A continuación, le puso una valla y un buzón a su nombre. Los que vinieron detrás no solo se lo creyeron, sino que, además, se lo quisieron comprar.

No existen tenencias fuera de los registros y de nuestra mente. Por lo tanto, en sentido puro, no existe la ganancia o la pérdida, sino el disfrute o no de lo que te rodea.

No se puede disfrutar aquello que no se está dispuesto a *perder*.

Si adueñarse de las cosas ya trae consigo importantes consecuencias, peores trae hacerlo de las personas. La posesión o los celos no solo hacen un daño terrible a quien los sufre sacando lo peor de su ser, sino que suelen además terminar destruyendo la relación. A estos *amantes* les ocurre como a quien deshoja una margarita: mientras se preocupan por si «me quiere o no me quiere» se van cargando la flor. Quien se siente dueño de otro está tan preocupado por no perderle que olvida que la mejor solución para que no se vaya es ganarle cada día.

El amor no admite capitalismos. Nadie es de nadie, ni por pertenencia, ni por contrato. En una relación pura no existen

derechos u obligaciones, sino deseos y voluntades. El amor
puro es fruto de dos cuerpos que, libres, deciden encontrarse.

No temas perder, acepta que nada es tuyo y que no existen las posesiones sino las experiencias y las oportunidades. Que el miedo a perderle no te quite la suerte de «tenerle». No se puede disfrutar aquello a lo que no podemos renunciar. Por eso, aprende a vivir sin apegarte, sin necesitar… No exigiendo, sino prefiriendo.

No temas perder, porque nada es tuyo; *teme* no disfrutar de las incontables riquezas de las que disponemos.

No tengas un amigo, vive una amistad.
No tengas un novio, ni una novia, disfruta del noviazgo.
No tengas nada, experiméntalo todo.

Volver a ser un niño

Cuando muy niños, no necesitamos cuentos de hadas, sino simplemente cuentos. La vida es de por sí bastante interesante. A un niño de siete años puede emocionarle que Perico, al abrir la puerta, se encuentre con un dragón; pero a un niño de tres años le emociona ya bastante que Perico abra la puerta.

G. K. CHESTERTON

Que no te engañen. La revista *Forbes* no mide la riqueza, mide los billetes. Por mucho que un hombre posea cinco mansiones con otras tantas piscinas y kilométricos jardines, nunca podrá superar los regalos que la naturaleza nos ofrece y que están al alcance de todos. Las personas más ricas son aquellas que saben hacer del océano una piscina y del campo su jardín.

Vivimos expuestos a tantos mensajes y canales de información que se ha producido en nosotros una sobreestimulación y desensibilización de los sentidos. Hemos visto tanto que lo cotidiano nos resulta lento, sin chispa y aburrido. Si al despertarnos ya tenemos treinta notificaciones nuevas, al comer ya hemos absorbido las noticias más sensacionalistas del mundo y al acostarnos ya hemos visto una increíble película de astronautas que viajan en el tiempo, entonces, ¿a quién va a interesarle una *simple* y tranquila puesta de sol?

A medida que el exceso de estímulos adormece nuestros sentidos, vamos perdiendo nuestra capacidad de asombro y con ello nuestra sed de misterio. Lo que de niños nos parece fascinante, de adultos ha dejado de hacerlo. Tenemos la *vista cansada* no por una cuestión de edad, sino por una transformación en nuestra forma de mirar. No hay otra razón. Escudarse en la madurez para justificar la pérdida de la fantasía es como decir que las canas, las arrugas o la calvicie son síntomas de sabiduría.

«El misterio —escribe Catherine L'Ecuyer—, no es aquello que no se entiende. Es lo que nunca acabamos de conocer. Es lo inagotable. Por eso los niños están fascinados ante el misterio, porque ven en ello una oportunidad de conocer infinita.» Abrirse al misterio y al asombro es abrirse a la humildad de reconocer que por mucho que hayamos visto, siempre nos quedarán cosas por ver, y que por muy felices que hayamos sido en la zona conocida, siempre existirán nuevos espacios donde dejarse sorprender.

Crecer es pasar de la pequeñez de verse grande a la grandeza de saberse pequeño.

La humildad, aunque viste discreta y no le gusta llamar la atención, es uno de los modos más elevados de valentía, pues entre todas las cosas a las que nos podemos atrever, pocas requieren tanto coraje como atreverse a no saber. Así lo hacen los niños. Un niño siempre mira desde la humildad, la gratitud y el asombro. Lo que un niño mira desde el aprender, un adulto lo hace desde el saber. A un niño todo le parece que encierra algún valor. No le importa ser pequeño, porque es pequeño. Por el contrario, es el adulto quien cree que por hacerse *grande* de cuerpo debe dejar de ser *pequeño* para el universo.

Crecer es, en cierto modo, una vuelta a la infancia. Es volver a vivir en la humildad de quien no da nada por sentado y sentir que las cosas que son también podían no haber sido. Solo recuperando la capacidad de asombro podremos ver en cada cosa, persona o momento un regalo.

Para disfrutar de una vida rica y plena es necesario volver a abrir nuestros sentidos a la belleza, la cual no se encuentra solo en las cosas que llamamos extraordinarias, sino en cada una de las cosas. Desde un atardecer hasta un día de lluvia. Desde un paseo por la playa hasta el canto de los pájaros. No hace falta recurrir a la ficción para descubrir los milagros y prodigios que inundan nuestra realidad. Hay belleza en casi cualquier rincón. Solo hay que saber mirar. Solo hay que atreverse a volver a ser un niño.

La zona de «inconfort»

¿A quiénes de vosotros os gustan las sorpresas? Mentira, solo os gustan las sorpresas que queréis. A las demás las llamáis
problemas.

Anthony Robbins

Si yo fuera jefe de un ejército y esto fuera la Edad Media,
si me encontrara con un castillo en lo alto de una montaña alejada, con foso, gruesas murallas y rodeado de
guardianes, no huiría pensando «vaya rey tan poderoso»,
daría orden de atacar diciendo «vaya un monarca tan
acojonado».

Tendemos a pensar que a más candados, más seguridad,
edificando nuestra vida sobre un espacio cerrado y bajo
llave. Sin embargo, el ideal de seguridad no está en un
exceso de protección, sino en la ausencia de cerrojos.

En lugar de trabajar por tener un buen sistema de alarmas y control, ¿no sería mejor hacerlo para lograr una vida de puertas abiertas que permitiera entrar a las sorpresas?

La búsqueda de seguridad se camufla bajo muchas máscaras. La creación de prejuicios, la inflexibilidad, la rigidez de ideas o la obstinación por tener la razón son solo algunos de los ejemplos cotidianos que desarrollamos para protegernos, pero que, lejos de lograrlo, constriñen nuestro crecimiento. En muchas ocasiones, la aparente seguridad no es más que el traje de la ignorancia. Aquel que apenas se sorprende y dice «es que yo he visto mucho», en realidad lo que ha visto es poco.

El mundo es demasiado grande como para perder la capacidad de asombro.

El mayor prodigio de nuestra mente no es alcanzar la verdad más absoluta o la certeza total, sino ser capaces de cambiar de opinión, soportar la duda y decir cuando así sea «pues oye, no lo sé». No hay mayor enemigo del crecimiento que el estatismo, la rutina y la cabezonería, del mismo modo que no hay mejores amigos de la creatividad que el movimiento, la experimentación y la humildad. Atreverse a crecer es una elección que evidencia uno de los más grandes actos de valentía. Es dar el paso para verse pequeño, para saberse *poca cosa* y para renunciar a la arrogancia de creernos el centro. Es dar más importancia al aprendizaje que a nuestro ego y entender que vale más saber poco de un mundo enorme que saberlo todo de un mundo pequeñito. A fin de cuentas, ¿qué es más hermoso?, ¿creerse en el cielo y mirar desde arriba la tierra o saberse en la tierra y mirar desde abajo al cielo? (Es importante recordar que la palabra *humildad* deriva del latín *humus*, tierra.)

La seguridad es, en muchos casos, solo una idea creada por nuestra mente. Más una sensación que una certeza. No existe una sola esfera bañada totalmente de certidumbre. Todo cuanto *tenemos* es susceptible de ser perdido: tu pareja, tu familia, tu trabajo, tu dinero, tu vida... No hay forma de escapar. «La alternativa a la inseguridad —dice Zigmunt Bauman— no es el paraíso de la tranquilidad, sino el infierno del aburrimiento.» El mundo no es un lugar cómodo y completamente controlable, sino un lugar incierto en el que la mayoría de los acontecimientos escapan a nuestro control y en el que la única manera de evitar el sufrimiento es la completa negación de todo.

El que no arriesga no… nada.
Ni pierde, ni gana; ni sufre, ni ama.

Las actitudes y comportamientos que nos atan a la zona de confort son los mismos que nos privan de las riquezas de la zona de *inconfort*. Nuestro objetivo ya no puede ser encerrarnos en un mundo seguro y controlado, sino aprender poco a poco a abrirnos a lo desconocido y empezar a conquistarlo.

Es un error pensar que somos obras concluidas y que, por mucho que conozcamos, ya no hay nada valioso por conocer. Tener una mentalidad fija en un mundo cambiante es, además de pobre, poco adaptativo.

¿Y si las cosas más bonitas aún no las hemos visto?

Déjate sorprender

«Pensaba follarte y luego pasar directamente a otra, pero no ocurrió así.»

Desmontando a Harry,
WOODY ALLEN

Los grandes regalos no suelen tener hueco en nuestra casa. Tenerlo supondría haber estado viviendo con un gran vacío mientras llegan. Es por esto que muchas veces, cuando se presentan, rompen y obligan a reorganizarlo todo. Y es por esto que mucha gente los desecha, porque aceptarlos supondría un fuerte cambio de planes.

¿Por qué controlarlo todo? ¿Por qué vivir anticipando? Es cierto que saber lo que queremos y adónde vamos son pilares indispensables para adueñarnos de nuestra vida y caminar sin dar rodeos. Sin embargo, en todo intento de control y dirección de nuestra existencia debe haber un espacio para acabar a la deriva. Un espacio para la magia, el misterio y las sorpresas. Como los pájaros: momentos de aleteo voluntario seguidos de momentos en los que cerrar los ojos, abrir las alas y planear.

Las personas más especiales no van a aparecer en tu vida en una mañana soleada en la que todo está perfecto, quizá lo hagan en mitad de una noche de lluvia. Nunca es el momento perfecto para la tormenta perfecta.

La verdadera riqueza no está solo en rodearnos de aquello que encaja a la perfección con nuestros gustos, hábitos o preferencias. (Todo aquel que se aferra a un catálogo pierde más de lo que gana, pues en un mundo tan rico nunca una lista incluirá más cosas que las que deja fuera.) La verdadera riqueza está en saber cuándo tomar el control y cuándo soltar el volante, apagar el GPS, dejarse llevar y llenar nuestra vida con unas pizcas de alboroto. Enriquecerse no consiste en poner el mundo a nuestro servicio para que encaje, sino en estar dispuestos nosotros también a ponernos al servicio del mundo, ser unas veces pie y otras zapato.

Nada es más difícil de encajar que dos vidas.

Presumimos con demasiada facilidad de que nos gustan las aventuras. Pensamos que arriesgar es subirse a un avión, saltar con un paracaídas y compartir la foto, pero a pesar de ser una experiencia excitante, le falta el toque más importante de una aventura: la incertidumbre. A fin de cuentas, cuando saltas, sabes que lo más probable es que vuelvas a tocar la tierra de la que partiste. Ahí acaba todo. Por el contrario, en las más grandes aventuras, como abrirse al amor, el final está completamente abierto. Aunque en última instancia acabes tomando el camino de regreso, la valentía reside en estar dispuesto a no volver. Por eso, lo verdaderamente importante no es si vuelves o no, sino que vayas con la intención de entregarte al momento y sin retrovisor. Las mejores historias no compran billete de ida y vuelta.

Asusta mucho dejar de hacer lo que siempre has hecho y reconocer que hay una chica o un chico que te encanta para quien no estabas preparado. El amor muchas veces empieza en miedo: *es su forma de decir «aquí has de buscar».*

Ve o no vayas, pero si te quedas que sea porque donde estás lo amas, no porque donde pudiste ir lo temes. No existe una *buena* vida y una *mala*, o, mejor dicho, no hay una sola fórmula para vivir felizmente. No se trata de vivir soltero, en pareja o alternando, sino de elegir lo que queremos con la total libertad que solo otorga haberse atrevido a probar con plena atención, no con un pie en la orilla y otro en el agua, sino con los dos a la vez y de un salto. Prueba, conoce, pero a corazón abierto (recuerda, como los valientes: de un salto y sin retrovisor), y una vez lo hayas hecho, elige en libertad: ni desde el miedo a lo nuevo, ni desde el amor a lo seguro, pues si de algo son enemigos el miedo y la seguridad es del crecimiento.

Uno no ve un diamante y sigue caminando.

Nadie realmente genial va a aparecer en el momento que tú esperas. Aparecerá cuando estés despeinado, cuando simplemente buscabas paz, cuando «solo ibas a sacar al perro» o cuando «una copa y nos vamos». ¿Qué vas a decirle entonces? «¿No, perdona, es que ahora estoy leyendo el libro de *El universo de lo sencillo*?» Ojalá llegue el momento en que no estés por aquí porque alguien ha roto tus planes. Ojalá te eche de menos porque estés improvisando.

Déjate sorprender, atrévete a probar y decide después.

El monstruo de debajo de la cama

En mi vida he pasado por cosas terribles,
algunas de las cuales sí sucedieron.

MARK TWAIN

El miedo es como el monstruo de debajo de la cama: desaparece cuando miramos, pero no miramos por si nos come. La principal característica de esta emoción es que nos paraliza bajo una sábana y nos bloquea para hacer lo que tenemos que hacer: mirar debajo de la cama y descubrir que no hay nada por lo que temer. No existe otra alternativa. La mejor receta contra el miedo es pasar a la acción.

Todas nuestras emociones se manifiestan con buenas intenciones, pero no siempre logran ser nuestras aliadas. La pregunta no es si son *buenas* o *malas*, sino si actúan a nuestro favor o en nuestra contra. Temer porque se acerca un jabalí malhumorado es bastante útil. ¿Te imaginas las consecuencias de no hacerlo? El miedo, por desagradable que resulte, no es una emoción necesariamente negativa, sino un recurso de nuestra naturaleza para prolongar nuestra existencia y sin el cual nos habríamos extinguido. Ahora bien, una cosa es servirse del miedo para sobrevivir y otra muy diferente es asentar un campamento permanente en el temor y la preocupación.

No esperes a que ocurran las cosas, haz que las cosas ocurran.

Como señala la célebre cita, «la mayoría de las cosas por las que nos preocupamos nunca llegan a suceder». Esto tiene una explicación natural. Imagina que eres un guardián y tu misión consiste en hacer que tu cuerpo sobreviva. En ese caso ¿no buscarías y buscarías hasta encontrar las amenazas? ¿No vivirías en alerta esperando que algo *malo* sucediera para anticiparlo o reaccionar lo antes posible? ¿No pondrías el foco de atención siempre en lo negativo? Eso es exactamente lo que hace nuestra mente cuando no aprendemos a dominarla.

Ante el cartel «Cuidado con el perro», no huimos del perro, huimos del cartel.

Nuestro cerebro es una asombrosa *máquina* de buscar respuestas. Es como el perfecto trabajador: apasionado e incansable. No soporta la inactividad. Disfruta tanto solucionando problemas que si no los tiene, los crea.

Por sorprendente que parezca, una de las peculiaridades de mucha de la gente con tendencia a la preocupación es que a su vez se caracteriza por tener una fuerza mental extraordinaria. A estas personas les ocurre como a los superhéroes cuando descubren que poseen un poder sobrenatural: hasta que aprenden a dominarla, la misma fuerza que les hace ser especiales, les hace ser vulnerables. Si eres una de ellas, es hora de usar todo tu potencial mental no al servicio del pensamiento, sino al servicio de la acción.

El miedo es inversamente proporcional a la implicación en la acción: a mayor implicación, menos miedo.

Está demostrado. Esperar y esperar a que te seleccionen para alguna de las vacantes que solicitaste, ni reduce la angustia, ni acelera el proceso. Lo mismo ocurre cuando esperas que él te llame o cuando dudas si emprender ese viaje al extranjero. Lo único que cambia las cosas es la acción.

Con todo, es necesario saber distinguir entre aquellas situaciones en las que por mucho que queramos no tenemos ningún control y aquellas en las que sí es posible tomar partido. En las primeras hay poco que hacer, y obsesionarse con ellas es, además de inútil, agotador. Es en las segundas donde hay que implicarse con decisión.

El miedo se hace sostenido en el tiempo cuando no actuamos y aumenta cuando nos acercamos al momento temido. Por el contrario, y por extraño que parezca, el miedo siempre disminuye a partir del instante del encuentro. Para alguien que teme el mar, su período de máximo temor es cuando se acerca al trampolín, pero una vez está en el agua en lo único que piensa es en nadar.

No hay otra salida. Si temes viajar de copiloto, conduce; si quieres hablar con esa persona, llama; y si quieres un puesto de trabajo y no te eligen, emprende. Sea lo que sea aquello que te preocupa y produce malestar, siempre se verá reducido cuando pasas a formar parte de la acción. Frente a la inmovilización, estrés y ansiedad del miedo, la solución es la implicación.

El futuro, aunque se escribe *por-venir*, siempre pasa *por ir*.

Vivir como trapecistas:
el momento de vacío

> En el mundo hay dos energías creativas:
> el amor y el miedo. El amor es la capaci-
> dad para visualizar algo positivo antes de
> que exista y tener la confianza de que su-
> cederá. El miedo todo lo contrario. (…)
> Pregúntate constantemente y en cada de-
> cisión pequeña o grande que adoptes:
> «¿desde el amor o desde el miedo?».
>
> SERGIO FERNÁNDEZ

Dado que no tenemos alas, solo nos quedan dos formas de viajar por el aire: en lianas como Tarzán o a saltos como trapecistas.

Cuando se trata de cambiar, podemos hacerlo por compa-ración o por intuición. Por intercambio o por riesgo. Cambiar por comparación (o intercambio) es la forma más habitual y la más sencilla, dado que apenas supone coste emocional. Este modo de cambio se produce cuando aparece en nuestra vida algo que —a nuestro criterio— mejora lo anterior. Si siempre ibas al mismo restaurante pero encuentras otro con mejor menú, mejor precio y terraza al sol, cambias. Si te ofrecen un puesto de trabajo mejor remunerado y más afín a tus gustos, lo aceptas. Es el viaje en liana: sueltas cuando agarras. El otro modo de cambio, por el contrario, no es tan confortable. Cambiar por intuición (o riesgo) es soltar sin tener nada agarrado. Es renunciar a lo que tenías por un quizá. Es el viaje de los trapecistas.

Entre el intercambio y el riesgo, la diferencia reside en el lugar al que apunta nuestro corazón. En un intercambio, primero pruebas y después desechas. Puedes elegir una opción u otra, pero en ningún caso quedarte sin nada. Lo que más ames será tu opción. En el riesgo, sin embargo, no existe esta posibilidad. Una vez sueltas, estás tú solo en el aire, y lo que después ocurra forma parte de la incertidumbre. No puedes guiarte por el amor a las opciones, porque una de ellas te es desconocida (y aquello que no se conoce, no puede ser amado). Es necesario recurrir a un amor mucho más elevado. No es ni el amor a lo conocido, ni el amor a lo nuevo. Es el amor a ser más grandes de lo que jamás hemos sido.

El verdadero héroe es el que se impone a sus amores pasados, a sus ganas de huir, a sus «soy así» y lo pone todo al servicio de amores futuros, sus ganas de encontrar y sus «quiero ser así».

En tus momentos de temor —tus momentos de vacío— apela siempre a tus ganas de conocer, descubrir y probar. No intentes discutir con el miedo por medio de la razón, porque mientras que él puede hablarte con certeza de la felicidad del pasado, tú no puedes rebatirle con la felicidad de un futuro en el que aún no has estado. No es la razón lo que empuja a los grandes cambios, sino la intuición.

Cuando tengas dudas, miedo o los temblores se hagan más fuertes, piensa siempre en esta frase: «No importa tanto lo que haya al otro lado como sentir que, pase lo que pase, estoy creciendo».

A un trapecista no se le pregunta si alguna vez se ha roto un hueso, sino cuántos.

Lo que da valor a los trapecistas no es lo que hacen cuando están sujetos, sino lo que hacen cuando están en el aire. Son esas décimas de segundo las que convierten un ejercicio en espectáculo. Son esos leves instantes en el aire los que, aunque sean cortos, sirven para justificar que el hombre, si quiere, vuela.

Entre la orilla y la isla hay un tramo en el que perdemos la tierra. Es el momento de vacío. Si abandonamos la orilla, perdemos la mano a nuestra ropa; si nos quedamos, renunciamos a los posibles tesoros. Ante lo incierto, es normal sentir temor. En el mundo no están a un lado los que tienen miedo y al otro los que no —miedo tenemos todos—, están los que temen desde la orilla y los que temen desde la barca, los que aspiran a la riqueza y los que la dejan para otros.

Sincronicemos nuestros relojes

> Haz los muros de tu casa con las piedras
> en las que has tropezado dos veces.
>
> Benjamín Prado

Los rayos del sol que ahora mismo iluminan tu habita-
ción son los rayos que salieron del sol hace ocho minutos.
Esto no es nada si lo comparamos con estrellas más leja-
nas. ¿Sabías que la luz que puedes ver por las noches de la
constelación de Orión es la luz que salió de sus estrellas
cuando caía el Imperio Romano?

Mucha gente desearía que su ventana, en lugar de al pasado, estuviera abierta al futuro. Así podría anticiparse y
evitar los traspiés. Lamentablemente para ellos, esto no es
posible. Al igual que la luz de las estrellas, estamos *conde-
nados* a vivir con retraso. En nuestro caso, este desfase

horario ocurre por una humana razón: porque los aprendizajes siempre van por detrás de las experiencias. Por eso siempre llegaremos tarde, por eso crecer duele y por eso hay que estar continuamente reinventándose.

El crecimiento es el denominador común que da contexto a toda nuestra vida y a todas nuestras acciones. Es lo que nos otorga dirección y sentido. Cuando crecer no es tenido como objetivo, cualquier sufrimiento carece de función y cualquier adversidad conduce al abandono. Normal, «¿sufrir para qué?». Por el contrario, cuando la dificultad es comprendida como parte de un proceso, no solo es posible soportarla, sino también sacar una lección de ella. Solo quien entiende que el sufrimiento es parte del crecimiento estará dispuesto a caer sin desistir:

—Mamá, Pedro me ha pegado un puñetazo.
—Hijo, ¡estás en un combate de boxeo!

Cuando caemos, nuestro primer impulso es levantarnos lo más rápidamente posible. Tanto es así, que muchas veces olvidamos escuchar el mensaje que el dolor tiene para nosotros. A no ser que vivas huyendo, darás con momentos dolorosos que no se pueden evitar, como decepciones, ausencias, golpes, pérdidas, etc., y que son parte de la aventura. Para quien abraza la vida con todo, la cuestión no es cómo esquivamos esos momentos, sino cómo los aprovechamos.

No existe el sufrimiento a secas, existe el sufrimiento útil o el sufrimiento inútil. Que vivas uno u otro depende de ti.

Crecimiento y dolor son en muchas ocasiones inseparables. Por eso, evitar el dolor es evitar crecer. Hay veces en que la solución no es pelear o huir, sino quedarse, esperar que pase la tormenta y descifrar en esa espera el aprendizaje que se esconde detrás de cada momento complicado. Solo así podremos ponernos al día para seguir adelante con más fuerza.

Entre experiencia y aprendizaje siempre habrá un desfase. Atreverse a explorar el mundo del sufrimiento para crecer es nuestra única forma para sincronizar los relojes que separan el dolor de su correspondiente lección.

Una de las frases de motivación más famosas es la siguiente: «Levántate siempre una vez más de las veces que te caes». O «Si te caes siete veces, levántate ocho». Tenemos tanto miedo a sufrir que nuestros sentidos se nublan hasta el punto de

perder nuestra facultad para contar. Si lo piensas fríamente,
te darás cuenta de que no es posible levantarse una vez más de
las veces que te caes. Así que, si te has caído siete veces, con
que te levantes otras siete es suficiente. En pie.

Siente más, piensa menos

> El corazón tiene razones que la razón desconoce.
>
> PASCAL

El animal más largo del mundo no es ni la ballena azul, ni el gusano cordón de bota, ni la medusa melena de león. El animal más largo del mundo es el ser humano, pues es el único capaz de estar aquí y tener la cabeza en cualquier otra parte.

Durante siglos hemos encumbrado el pensamiento y la razón y despreciado los sentimientos y las emociones. Creíamos que eso nos diferenciaba del resto de las especies y nos convertía en seres totalmente únicos. Hoy, debido al progreso de la ciencia y, más concretamente, a los estudios en Inteligencia Emocional, tenemos los conocimientos y las herramientas suficientes para elevar las emociones y situarlas en el lugar que les corresponde.

El ser humano no es un ser racional que se emociona. Es un ser emocional que, en ocasiones, razona.

El cuerpo humano es un complejo organismo en el que cada parte cumple una función. En él, lo que no hace el hígado, lo hace el riñón; lo que no hace el riñón, lo hace el intestino; y lo que no hace el intestino, lo hace el corazón. No hay órgano más importante que otro. Todos se necesitan y todos *saben* su *profesión*. Así, dado que no trataríamos de oler con las orejas o escuchar con la nariz, ¿por qué tratar de amar con la razón?, ¿por qué tratar de pensar lo que está hecho para ser sentido?

El pensamiento, aunque útil para adelantarnos a los posibles peligros, reescribir el pasado o servirnos como faro, también puede ser el *ruido* que interrumpa el libre sentimiento. Mal gestionado, el pensamiento es esa bocina que te despierta cuando estabas soñando, esa lluvia que te empapa cuando tomabas el sol, o esa ola que te arrasa cuando, con los ojos cerrados y los brazos abiertos, disfrutabas de la brisa en la proa de tu barco.

La razón y el pensamiento son como un martillo. Así, cabría preguntarse: un martillo, ¿es bueno o es malo? Todo depende de si vas a golpear un clavo o tu cabeza.

Hacer pasar toda la *realidad* por el filtro del pensamiento conduce a la distorsión del presente, único momento en el que suceden las cosas y, por tanto, único espacio en el que pueden disfrutarse. Hoy, la principal causa de enfermedad psicológica nace de no saber ausentarse del dolor por el pasado y la preocupación por el futuro, una disfunción que hace que, en la sociedad actual, vivir en el *hoy*, más parezca vivir en el ayer de mañana.

De forma parecida a lo que ocurre con el pensamiento, ocurre con la razón, necesaria para algunas decisiones, pero insuficiente para muchas otras. A menudo, identificamos razón con inteligencia, creyendo que hay siempre una opción correcta y que es de *estúpidos* no saber cuál es. No obstante, esta creencia, lejos de convertirnos en personas más brillantes y valientes, a lo que nos conduce es a la elección de la opción más segura y menos arriesgada.

Lo más importante no puede medirse en cantidades lógicas, racionales y cuantificables. Ninguna báscula, regla o termómetro puede calibrar el peso, poso y calidez con que nosotros percibimos los sentimientos. Por eso, los mejores instantes de tu vida no vas a poder ponderarlos nunca en kilos, metros o grados. Para un científico sería fácil discrepar, y con motivos. Pero al final, como escribía Ortega, en el mundo de emociones en que vivimos, «las cosas son lo que son para mí».

Lo que en un laboratorio quizá sí se pueda evaluar, nuestro cuerpo solo lo puede sentir. Un buen ejemplo de esto es el enamoramiento. Aunque sabemos que los sentimientos y las emociones producidas en este período responden a fenómenos bioquímicos, sería ilusorio pensar que un enamorado toma sus decisiones después de consultar con sus niveles de dopamina o serotonina. Un enamorado, en cuanto que está enamorado, no evalúa los motivos, se lanza sin saber por qué. «Para un navegante la tormenta no es resultado de una conjunción de fuerzas, sino una amenaza. Para mí que estoy protegido y asubio, es un espectáculo avasallador, que me fascina desde hace horas», escribe José Antonio Marina. ¡Qué diferente se percibe el mundo cuando se está a salvo!

Fuera del laboratorio, el amor no tiene unidad de medida.

El cerebro no es un órgano al servicio del acierto, sino al servicio de la supervivencia. Una máquina que hay que aprender a usar para guiar nuestros pasos, pero también a desconectar cuando nos hallemos fuera de la *selva*. Como directores de nuestra vida, el reto está en saber distinguir cuándo usar la razón y cuándo los sentidos; cuándo el pensamiento y cuándo los latidos. De esta forma, con verdadera inteligencia —la emocional—, podremos poner cada función al servicio de su mejor misión: pensar para seguir existiendo y sentir para disfrutar la existencia.

Somos cabeza, pero también corazón... y tripa. Somos cerebro, pero también piel (la cual, por cierto, es el órgano más grande de nuestro cuerpo).

Siente más, piensa menos.

Siempre me llamó la atención una cosa que a menudo ocurría en el colegio: dos niñas discutían exponiendo un montón de razones. En una argumentación que parecía no tener límites, eran capaces de decir casi cualquier cosa con tal de salir victoriosas. De pronto, una de ellas empezaba a llorar. Entonces, la otra, conmovida por las lágrimas, se guardaba los argumentos, callaba y la abrazaba. Poco después acudían el resto de las amigas y la abrazaban también. Las razones ya no importaban.

El día de mi cumpleaños

La felicidad nos espera en algún sitio, pero
a condición de que no vayamos a buscarla.

Victor Hugo

Tengo una pequeña teoría que desde hace un tiempo me tiene atrapado en divertidas discusiones con familiares y amigos y de la que aún no he conseguido salir. Quizá tú puedas ayudarme. Esta teoría defiende que celebramos nuestro cumpleaños el día equivocado. ¡Casi nada!

Mi propuesta es que si naciste, por ejemplo, un 30 de enero, el día que realmente cumples años es el 29. Del mismo modo que una semana empieza en lunes y acaba en domingo, un año que empieza el 30 de enero se cumple el 29 de enero. El día 30, por tanto, no sería el día que cumples un año, sino el primer día de tu siguiente año.

¿Y si, como ocurre con nuestro cumpleaños, estamos celebrando con retraso los acontecimientos más importantes de nuestra vida?

Para la felicidad no es necesario llegar a ningún lado, basta con dirigirse.

Estamos acostumbrados a celebrar nuestras aventuras una vez ya han sucedido, en lugar de hacerlo cuando están ocurriendo. Y lo hacemos, además, en función del resultado. Si logramos lo que deseábamos, celebramos; si no, nos entristecemos.

¿Puedes disfrutar de un trofeo si no has jugado? No. ¿Puedes disfrutar del partido si no ganas el trofeo? Sí. Entonces, ¿dónde está la esencia del disfrute, en el trofeo o en el partido?

Reservar la satisfacción para el final del partido, además de poner nuestra alegría en manos del resultado, es perderse demasiado. ¿Qué hay de la felicidad de, simplemente, jugar?

Detrás de cualquier triunfo no solo existe una alegría *extra*, hay también una luz que se apaga. Es la luz que cesa cuando, a pesar de haber logrado el ansiado título, el árbitro pita el final del partido. Es el momento en el que se proclama el éxito y en el que se lleva a cabo la celebración, pero también el momento en el que se declara el final del juego. Cuando miramos la vida como una competición o como camino para un logro, damos lugar a una paradoja: jugamos para ganar, pero al ganar dejamos de jugar. En otras palabras, jugamos para dejar de jugar. Cuando, por el contrario, hacemos de la meta una parte del camino, nos damos la oportunidad de vivir y disfrutar el tramo más largo. En este momento, jugamos por el mero hecho de jugar, sin posponer el regalo que ya supone el estar jugando.

Ni hay camino a la felicidad, ni la felicidad es el camino. La felicidad es caminar.

Lo máximo que podemos encontrar tras el cumplimiento de un objetivo es un período de alegría. Un momento intenso, pero efímero. Para aspirar a la auténtica felicidad no es suficiente con esperar llegar a la meta, hay que disfrutar mientras corremos. La felicidad no es ni destino, ni camino, es conciencia de la acción:

La felicidad, aunque gramaticalmente es sustantivo, se hace presente cuando la tratamos como verbo. Es amar, crecer, agradecer, disfrutar, saborear, conectar, ayudar… Solo puede darse en movimiento, en una acción.

Disfruta tus logros y celébralos, pero no olvides ser feliz en el camino, pues la vida es mucho más que una línea de llegada: es la manera en la que llegas. No esperes a ver tu sueño cumplido para festejar que estás soñando. No esperes a ganar para celebrar que, jugando, ya has ganado. Celebra que, pase lo que pase, estás peleando.

La auténtica celebración no es haber vivido, es estar viviendo.

Era en clase de Lengua y Literatura cuando, de niños, nos enseñaban a conjugar los diferentes tiempos verbales. Entre ellos, distinguían los tiempos perfectos de los tiempos imperfectos. A diferencia de estos últimos, los considerados perfectos eran aquellos cuya acción ya había finalizado. Así, el pretérito perfecto simple de «comer» era «comí»; el compuesto era «he comido»; y el pluscuamperfecto, «había comido». Un día, la profesora, en su evaluación diaria, pronunció mi nombre: «¿Cuáles son los tiempos perfectos del verbo "jugar"?», me preguntó. Yo, aun sabiendo que la respuesta correcta era «jugué», «he jugado» o «había jugado», respondí: «Para mí, señorita, el tiempo perfecto es… seguir jugando».

Por la eternidad bien entendida

> Ahora nuestro mayor miedo en las relacio-
> nes con otras personas es que pensamos
> que el hecho de que nos preparen el desa-
> yuno es que ya te están pidiendo matrimo-
> nio. Y es entonces cuando te vas a las cinco
> de la mañana después de hacer el amor en
> vez de quedarte y disfrutar del momento.
>
> LEILA NOMEN

Siempre he tenido una máxima: tanto si estás soltero,
como si estás en pareja, *estate* al 100 %. No tiene sentido
estar en un amanecer mirando al Oeste ni en un atardecer mirando al Este. Que donde estés, estés.

Vivimos bajo una oleada de cobardía y timidez. Hoy en
día, gran parte de los fracasos en las relaciones no tiene

que ver tanto con la incompatibilidad entre sus miembros como con la indecisión de unos *amantes* que, lejos de lanzarse con todo, se rondan a medio gas. Con frecuencia, bajo el nombre de la *libertad,* escondemos nuestro miedo a cualquier forma de compromiso. Siempre aparece una excusa: «No, es que no quiero esto» o «Es que prefiero aquello», cuando en realidad lo que ruge por dentro es un «No me atrevo».

El miedo siempre ha sido una parte difícilmente separable del *amor.* Sin embargo, dependiendo de la cultura y de la generación en la que nos encontráramos, no siempre ha actuado desde la misma posición:

> *Antes, cuando conocías a una persona que te gustaba, el miedo era a terminar, pero te arriesgabas; ahora, aunque encuentres a una persona que te encanta, el miedo es a empezar. Hemos pasado del miedo a la independencia al miedo a la dependencia. Del miedo a estar solos al miedo a vivir acompañados. Del miedo a* morir *al miedo a* vivir.

Para comprobar si una relación puede funcionar o no es preciso ofrecer algo que no siempre estamos dispuestos a entregar: tiempo. Como si de icebergs se tratara, lo que podemos ver de una persona en los primeros días o semanas no es más que una mínima parte de todo lo que aguarda en su interior. Cada persona es un mundo entero, y nosotros, en lugar de viajar por ellas, nos limitamos a hacer turismo. Sentimos que si nos quedamos más tiempo del que dura la reserva debemos mudarnos allí, y eso nos supone un peso tan grande que el impulso siguiente es hacer las maletas.

No se trata de estar con una persona eternamente, sino de estar con ella enteramente. (Mismas letras, diferente significado.)

Vivimos inmersos en una cultura que nos *bombardea* con mensajes contrapuestos, en la que tan pronto se nos anima a buscar un amor *para toda la vida* como se nos induce a vivir en continua renovación. Se trata de una lucha de fuerzas centrífugas y centrípetas que acaban por paralizarnos. Una *guerra* entre huir y quedarse, entre buscar y desechar. Necesitamos amor, pero cuando lo tenemos nos resulta una carga… ¡para seguir buscando amor!

En un contexto que continuamente nos ofrece nuevas oportunidades, creemos que quedarnos en algún *lado* equivale a perder nuestra libertad. Sentimos que al comprometernos con algo se cierran otras puertas y que, con ello, se empobrece nuestra vida. Es en este momento cuando partimos en busca de una nueva posibilidad que tampoco agarraremos porque siempre nos quedará la sensación de dejarnos algo en algún lugar.

> *La principal razón para temer el compromiso es que no sabemos lo que es. Confundimos compromiso con esclavitud. Es curioso cómo a una mujer se le llama esposa, a una pulsera, esclava y al dedo en que ponemos el anillo de boda, anular. La idea de que compartir vida nos hace esclavos y nos anula ha inundado nuestro vocabulario. Sin embargo, la esclavitud es solo una cosa: vivir bajo los mandatos del miedo.*

Comprometerse no significa hacer un pacto irrevocable con el futuro, sino dar lo mejor de nosotros en cada presente. Cuando se trata de una relación entre dos personas, no existe un *para siempre* ni un *mañana* asegurados. La única opción posible es entregarse *hoy tras hoy*. La eternidad, por tanto, es tan solo un engaño de nuestra mente que, aunque se puede imaginar, en ningún caso se puede prometer. Tratar de hacerlo es, además de irresponsable, atentar contra la esencia del amor —la libertad—, pues a toda promesa le sigue una deuda y a toda deuda una obligación. Si bien el amor puede llegar a ser doloroso, decepcionante o incierto, jamás puede dejar de ser libre. (Libertad es el apellido del amor, omitido por redundante.)

La eternidad no es estar juntos en el futuro, sino estar juntos en el presente.

En lugar de pensar en qué pasará en el futuro o en lo que renuncias, ¿has pensado en lo increíble que es tener a esa persona enfrente ahora mismo? No como novio, ni como novia, sino como persona con toda su riqueza. Disfrútalo. Sin más.

Por extraño que pueda sonar, contra el miedo al compromiso solo hay una solución: comprometerse.

Comprométete. Pero no te comprometas con él, ni con ella. Comprométete con el momento y contigo mismo. Cuando estés con esa persona estate ahí y no en ningún otro sitio. Lo importante no es el tiempo que estéis *juntos*, sino que os esforcéis por vivirlo al máximo y hacer de él una experiencia auténtica. Solo cuando uno extrae lo máximo de una situación puede decidir en libertad si quiere más o no.

Por eso, tanto si estás conociendo a alguien como si ya os conocéis desde hace tiempo, olvida que le debes algo, porque a la única persona a quien debes es a ti. Te debes vivir cada situación a pleno rendimiento. Y recuerda: el mejor favor que puedes hacerle a ese «para siempre» y la mejor forma de honrar a la eternidad es entregarte en cuerpo y alma a tu momento, a quien tienes a tu lado y no estar en ninguna otra parte.

Por la eternidad bien entendida.

Solíamos jugar a «Novios por un día». Este juego consistía en que a lo largo de toda la mañana y toda la noche éramos novios y nos entregábamos el uno al otro. Al terminar el día, se acababa. No había momento para dejarse nada ni para pensar en tonterías, porque al final del día ya no nos tendríamos. «Lo que se pierde, se pierde», nos decíamos. Éramos tan felices queriéndonos así que solíamos repetir con bastante frecuencia. Al principio, una vez al mes; luego, una vez a la semana. Una vez estuvimos jugando cuatro años seguidos.

El *tempo giusto*

La tortuga puede hablar más del camino
que la liebre.

JALIL GIBRAN

No. La página en blanco anterior no es un error. Es solo una página en blanco donde, simplemente, no ocurren cosas. Y… ¿a que no pasa nada?

En un mundo que circula a toda prisa, hemos interiorizado que conceptos como la lentitud, la tranquilidad, el silencio o los espacios *en blanco* son sinónimo de aburrimiento o vacío y, por tanto, de una vida más desaprovechada. Asumimos que quien lleva un ritmo de vida acelerado y lleno de actividades le saca más jugo a su existencia y que, por consiguiente, vivir despacio implica estar perdiéndonos algo. Para nuestra cultura, más siempre es mejor.

A través de la continua actividad, hemos educado al cerebro para que se sienta incómodo en los momentos de pausa. Nuestra mente, acostumbrada a la sobreestimulación, no entiende de vacíos ni de tiempos muertos. Si no tiene algo en lo que pensar, lo rellena de información; si no tiene algo que hacer, inmediatamente busca alguna actividad. Cualquier cosa menos dejarse llevar a un espacio de sosiego y calma.

El *exceso* de velocidad tiene un efecto directo sobre la calidad de nuestras experiencias, siendo su principal consecuencia la pérdida de la profundidad en favor de la superficialidad. Hacemos muchas cosas, pero las hacemos sin apenas sumergirnos en ellas. Versionando el famoso refrán, podría decirse que somos *probadores* de todo, pero degustadores de nada. Un buen ejemplo para ilustrar esta situación es la manera en que actualmente consumimos música. Si hace algunas décadas solo se disponía de unos cuantos discos de vinilo —y posteriormente, casetes y CD—, hoy en día, gracias a plataformas como YouTube o Spotify, la cantidad de música que podemos escuchar es casi ilimitada. Lo que antes nos llevaba a reproducir las canciones una y otra vez hasta conocerlas de memoria, hoy se presenta prácticamente imposible. Antes de haber podido extraer toda la esencia de una canción ya hemos pasado a la siguiente. Es el triunfo de la cantidad sobre la calidad. Esto mismo ocurre con casi cualquier esfera de nuestra vida. Desde cosas materiales como el consumo de películas, ropa o gran parte de nuestras actividades de ocio, hasta experiencias inmateriales y vitales como viajar, disfrutar de una mañana en el campo o relacionarnos con otras personas.

Velocidad: espacio recorrido en una unidad de tiempo.
Plenitud: espacio disfrutado en una unidad de tiempo.

No existe tregua. En la sociedad de la velocidad, siempre *hay* un restaurante nuevo que visitar, un estreno al que asistir o una fiesta que «no te puedes perder». O, lo que es lo mismo, siempre hay un lugar *mejor* en el que estar. La alternativa a no moverse al ritmo que presentan las novedades es correr el riesgo de quedarse *fuera*, rezagado. Por este motivo, lo queremos todo y queremos estar en todas partes, aun cuando el precio que haya que pagar sea no disfrutar en plenitud de ninguno de los lugares en los que verdaderamente nos encontramos. Siempre nos faltará París… o Tailandia, o Nueva York, o…

Tratar de estar en todos lados es la mejor forma de no estar en ningún sitio.

El argumento de vivir un mayor número de experiencias en nombre de la calidad de vida es una ilusión. Más no siempre es mejor. La calidad, más que con la cantidad o la intensidad, está relacionada con la profundidad, la presencia y la implicación con la que nos entreguemos en nuestras interacciones. Dicho de otra forma, la calidad de nuestras experiencias depende del tiempo, el mimo y la dedicación que les prestemos.

Cuando de pequeños preguntábamos a nuestros padres qué llevaba aquella comida tan rica, ellos respondían: «Lleva amor». Hoy, algo mayores, sabemos que lo que ellos llamaban «amor» en realidad tiene su propio nombre: los cocineros lo llaman «guisar a fuego lento».

No solo las comidas más sabrosas precisan *fuego lento*. También las relaciones, el amor, la lectura, viajar, el conocimiento, la construcción de un pensamiento crítico, el crecimiento personal… La moderación y la calma son fundamentales a la hora de apreciar y sacar el máximo disfrute a cada momento.

No viaja más quien más kilómetros recorre, sino quien más centímetros disfruta.

El objetivo de este capítulo no es que tras leerlo decidas pisar el freno y detener súbitamente tu ritmo vital, sino que tomes conciencia de que en toda historia hay momentos en los que acelerar y momentos en los que decelerar. «El mundo —escribe Uwe Kliemt— es un lugar más rico cuando hacemos sitio para diferentes velocidades.» Se trata, por tanto, de encontrar la velocidad apropiada para cada experiencia o, como señalan los músicos italianos, el *tempo giusto*.

La calidad está en la presencia.

El amor «light»: atrévete a viajar

—¿Qué demonios habrá en esa diligencia?

—Eso es fácil de averiguar: te acercas como si quisieras echar un vistazo. Si te emprenden a tiros, es oro.

Por un puñado de dólares,
SERGIO LEONE

El problema de los seres humanos no es que —como señalan los científicos— vivamos usando solo el 1% de nuestro cerebro. El problema es que lo hagamos usando tan solo el 1% de nuestro corazón.

Si hay una característica que pueda englobar a la mayoría de nuestras relaciones personales es su falta de profundidad. Conocemos a mucha gente, pero la conocemos poco.

Nos acostamos con muchas personas, pero con casi ninguna hacemos el amor. Son relaciones —o más bien conexiones— de vínculos muy débiles y de bajo compromiso e implicación. Es la era de las amistades y el amor descafeinados, sin calorías... sin riesgos. Es la era del amor *light*.*

Cuando en los años ochenta del pasado siglo empezaron a aparecer en Estados Unidos los primeros productos denominados *light*, lo hicieron con la promesa de mantener el sabor eliminando los *peligros*. «Mismo sabor, menos calorías.» Desde entonces, no solo los refrescos, lácteos, salsas o patatas han sucumbido al *triunfo* de lo *light*, también lo han hecho algunos valores y comportamientos de nuestra cultura, donde lo superficial y ligero le ha ido ganando terreno a lo profundo y duradero. Es el caso de la forma en la que hoy nos relacionamos y nos *enfrentamos* al amor.

El amor no está en la superficie, sino en lo profundo. Para amar hay que sobrepasar la piel. Hay que llegar al corazón.

* El uso del concepto *light* para definir el estado de las relaciones y valores humanos es utilizado por Enrique Rojas en su reconocida obra *El hombre light*.

A pesar del empeño de los anuncios publicitarios, todo el mundo sabe que un producto y su homólogo *light* no saben igual, lo que no evita que cuando este último se consume persista una reconfortante sensación de estar disfrutando del producto original. Lo mismo sucede en las relaciones íntimas. Detrás de un flirteo puntual hay algo más que un simple juego. Está la sensación de estar practicando el amor en alguno de sus modos, y de hacerlo, además, con las garantías de no poner en riesgo nuestros sentimientos. Es como tocar el fuego con guantes protectores o como bucear entre tiburones metido en una jaula. Se parece, pero no es lo mismo. Es un sí, pero no.

La cuestión no es que prefieras compartir tu vida eternamente *con la misma persona en lugar de vivir* de flor en flor, *eso solo tú lo eliges; la cuestión es que sepas reconocer que amor y polvo, por su implicación y riesgos, no saben igual.*

Lo que convierte a una relación en auténtica no es su duración, sino su implicación. No importa que dure una noche, un año o toda una vida. Lo importante es que —sea el tiempo que sea— quienes la comparten se presenten el uno al otro sin escudos y a pleno corazón. Son las mismas defensas que impiden que salgamos lastimados las que evitan que amemos en plenitud. De este modo, cada vez que tratas de suavizar o evitar alguna emoción, automáticamente impides que las demás brillen en su máximo esplendor. No existen los medios tonos. O cierras los ojos siempre, o los mantienes abiertos.

No es posible dejar de ver *lo feo* sin dejar de ver lo hermoso

Para disfrutar del amor —el amor verdadero— no basta con rozarlo, hay que meterse de lleno aun sabiendo que el riesgo de hacerlo es elevado. «Mientras está vivo, el amor está siempre al borde de la muerte», escribe Zygmunt Bauman. Nadie puede garantizarte que quien hoy dice que te quiere, mañana no se vaya, o que lo que ha tardado años en construirse, no pueda en un solo soplo desvanecerse como un castillo de naipes. Exponer el corazón a sabiendas que pueden rompértelo es arriesgado, pero siempre es más valiente que pasearse por la vida protegido por una armadura y *convencido* de saber lo que significa haber peleado.

Puedes haber visitado más de cien países y, al mismo tiempo, no haber estado en ninguno. No importa que hayas posado junto a los mayores monumentos de París, Roma o Nueva York, pues hasta que no conozcas la luz de sus calles, el sabor de sus guisos o el olor de sus gentes, no podrás decir que has viajado. Del mismo modo, puede que hayas tenido más de cien citas o dormido con cincuenta amantes, pero hasta que no hayas compartido con tan solo uno de ellos una risa sincera, un llanto profundo y la simple sensación de que cualquier cosa es posible, no podrás decir que has amado. Hasta que todo eso ocurra, tú no has sido viajero. Hasta que todo eso ocurra, tú tan solo eres turista.

Lo peor que puede pasarte en la vida no es irte de *aquí* con el corazón roto o el cuerpo lleno de heridas. Lo peor que puede pasarte es irte de este mundo sin descubrir que ni siquiera habías estado.

Vivir es atreverse a amar.

El amor debe de ser otra cosa

Él se enamoró de sus flores, no de sus raí-
ces, y en otoño no supo qué hacer.

ANTOINE DE SAINT-EXUPÉRY

Si tu valor es la intensidad y lo permanentemente bello, la pareja no es tu sitio. Más allá de la fase de enamora-miento, una relación necesita calma y estabilidad para ser construida sobre unos cimientos sólidos y durade-ros. ¿Te imaginas lo que supondría vivir constantemen-te abducido por un estado de sobrexcitación, incerti-dumbre y deseo? Más de uno moriría de un ataque al corazón.

Desde que somos pequeños, vivimos bajo la influencia de innumerables mensajes que dibujan en nuestra mente una idea equivocada de lo que significa amar. A través de canciones, literatura, películas, etc., aprendemos que el amor es un estado de superlativa excitación y completa felicidad en la que todo funciona —o debe funcionar— con la más absoluta perfección. Después, a medida que vamos teniendo nuestras propias experiencias, descubrimos que eso no es así y sufrimos con ello una gran decepción. Cada vez que idealizamos el amor, nos sucede como al pez del famoso cuento:

—Usted perdone —le dijo un pez a otro—, es usted más viejo y con más experiencia que yo y probablemente podrá usted ayudarme. Dígame: ¿dónde puedo encontrar eso que llaman Océano? He estado buscándolo por todas partes, sin resultado.

—El Océano —respondió el viejo pez— es donde estás ahora mismo.

—¿Esto? Pero si esto no es más que agua... Lo que yo busco es el Océano —replicó el joven pez, totalmente decepcionado, mientras se marchaba nadando a buscar en otra *parte*.*

No siempre apreciamos lo que tenemos delante: «¿Cómo que el amor es esto? ¿Y ya está? ¡No puede ser, debe de ser otra cosa!».

---

* *El pequeño pez*, de Anthony de Mello.

Para muchas personas, enamoramiento es sinónimo de amor. Por este motivo, creen que cuando las *cosquillas* desaparecen la relación ha llegado a su fin y que, por tanto, lo mejor es *dejarlo* y empezar a buscar *emociones fuertes* en otra persona. «El amor debe de ser otra cosa.» Sin embargo, ocurre todo lo contrario: es solo en el momento en que el enamoramiento pasional y desmedido se reduce cuando se crean las condiciones necesarias para empezar a construir y elegir con claridad el futuro que se desea.

Cualquier amor sustentado en una nube acaba cayendo al suelo.

El amor implica mucho más que sentimiento. Implica aceptación, aprender a comunicarse, cuidarse… y, sobre todo, aceptar que no siempre tu pareja va a estar radiante como el día en que os conocisteis. Ni por dentro, ni por fuera. El amor es vestido y pintalabios, pero también ojeras y legañas. Es camisa y tupé, pero también ronquidos y despertar malhumorado. Es sonrisa y carcajada, pero también lágrimas y pena.

—Papá, papá, ¿cuál es la diferencia entre amor y enamoramiento?

—¿Recuerdas la película que vimos ayer, hijo? Enamoramiento es lo que ocurre antes de las letras del final; amor es lo que quizá ocurra después.

Aunque la vida en *la curva* puede resultar muy emocionante, a la larga solo lleva a caminar en círculos. Elegir a una pareja en función de la taquicardia o la *belleza* lleva a una sucesión *infinita* de ilusiones y decepciones: «Estoy contigo por la fuerza de mis sentimientos, pero cuando estos ya no son tan fuertes, me alejo y sigo buscando con la esperanza de encontrar a una persona con quien no dejar de vivir en la nube». Obviamente, esto nunca ocurre, y si en la mayoría de las ocasiones no lo hace no es porque no sea la persona *adecuada*, sino por otra razón más sencilla (y que a menudo olvidamos): porque el eterno enamoramiento no existe.

Del enamoramiento al amor: 1 + 1 = 3

> En toda pareja hay tres: tú, yo y nosotros.
> Dos personas, tres partes. Cada una de
> ellas cuenta, cada una de ellas tiene vida
> propia.
>
> VIRGINIA SATIR

Según cuenta Platón, los seres humanos no siempre tuvieron la forma que hoy conocemos. Para este filósofo, hubo un tiempo en el que los sexos masculino y femenino formaban parte de un único ser de cuatro brazos, cuatro piernas y dos caras. Estas criaturas —denominadas Andróginos— se sintieron tan poderosas que osaron desafiar a las divinidades ascendiendo al monte Olimpo. Por este motivo, Zeus, viendo peligrar la superioridad de los dioses, decidió dividir a estos seres en dos mitades. A un lado, el hombre; al otro, la mujer. Desde ese momento —cuenta el mito platónico—, con el fin de recuperar su fuerza y su plenitud perdidas, los seres humanos no han dejado de buscar su otra mitad.

La idea de un *alma gemela* que nos busca mientras la buscamos no es exclusiva de la mitología. Para mucha gente, existe en algún lugar del mundo una persona reservada a ellos, y el único obstáculo para lograr una relación exitosa reside en encontrarla. Así, cada vez que se enamoran, dicen: «Lo encontré, es él», o «Es ella, lo sé»; y cada vez que se decepcionan, exclaman: «No era la persona. Ya llegará».

Pensamos que buscar pareja es como buscar casa, pero en realidad es más parecido a buscar terreno. Solo cuando disponemos de un suelo, podemos construir la casa.

Si te encuentras entre ellos y estás buscando a la persona *perfecta*, te conviene saber cuanto antes que no la vas a encontrar. No es porque no haya personas maravillosas —que las hay, y muchas—, es porque el amor no entiende de individuos, sino de equipos y conexiones. Alguien puede ser divertido, alegre, soñador y todos los atributos que imagines, pero si no existe un proyecto que os una, no servirá de nada. Para que una relación sea fuerte y duradera, lo importante no es cómo sea él o ella, sino lo que juntos seáis capaces de crear.

Las *cosas* más valiosas no se encuentran, se construyen.

Cuando dos personas se enamoran, hay preguntas que no interesan demasiado, como qué objetivos tiene cada uno a largo plazo, qué están dispuestos a entregar o qué valores mueven sus acciones. Todo esto puede importarles más adelante —y lo hará—, pero en este período, lo que los enamorados quieren saber son cosas como «¿Qué estará haciendo?», «¿Le veré hoy?», «¿Me llamará?, ¿Le llamo?», «¿Me quiere?, ¿Se irá?», etc. Es la etapa de disolución de uno en el otro, donde dos personas que antes funcionaban de manera independiente, ahora lo hacen como una sola atraídas por la fuerza del deseo. Durante el enamoramiento, 1 + 1 = 1.

Para bien o para mal, la *unidad* y los sentimientos nacidos del enamoramiento no duran eternamente. Según los expertos, esta etapa puede durar entre tres y dieciocho meses. Una vez transcurrido este tiempo, los niveles hormonales vuelven a su estado natural, dando lugar al gran desafío en el afianzamiento de la relación: el paso de la pasión desmedida al verdadero amor.

Si en el enamoramiento dos personas se dividían para convertirse en una, en el amor deben separarse de nuevo para poder multiplicarse. La unión ya no surge de la interdependencia, sino de la sana voluntad de sostener entre los dos un proyecto común. Para quien aspira a un romance duradero, una sola hoja de ruta puede ser más poderosa que mil mariposas revoloteando a su antojo. En el verdadero amor, 1 + 1 = 3.

Enamorarse es convertirse en 1 (nosotros).
Romper es volver a ser 2 (tú y yo).
Amar es empezar a ser 3 (tú, yo y nuestro proyecto).

Desarrollar un proyecto común significa orientar las fuerzas en la misma dirección. Es diseñar un plano antes de empezar a poner ladrillos. Es preguntarse y responderse con sinceridad: «¿Queremos lo mismo?», «¿Vamos hacia el mismo lugar?», «¿Estamos dispuestos a aceptarnos como somos al tiempo que peleamos por una ilusión común?». Únicamente cuando las respuestas son afirmativas o compatibles se puede empezar a construir.

El fin del enamoramiento es el principio del amor.

En toda relación amorosa existe un momento clave. Es el momento en el que las mariposas de nuestro estómago deciden volar a otra parte para transformarse en algo más profundo y elevado. Es el momento en el que los enamorados, antes *embobados* mirándose frente a frente, deben soltarse de una de las manos, cambiar su mirada por una que apunte al mismo horizonte y empezar a caminar en paralelo de la mano que aún les queda agarrada. Es el momento de, sin dejar de ser uno mismo, empezar a ser equipo.

Las buenas parejas no se encuentran, se construyen.

Construir en altura

La prueba reina de una relación es poder
estar en desacuerdo y, aun así, permanecer tomados de la mano.

ALEXANDRA PENNEY

Si algo nos ha enseñado la arquitectura a lo largo de la
historia es que para vivir juntos —en el mismo lugar— es
necesario construir en altura. Más cerca, más alto.

Esta no es solo la historia de los rascacielos, es la historia
de las relaciones humanas en general y de las relaciones
de pareja en particular: cuanto más cercano sea el vínculo,
más presente será la necesidad de construir unos pilares
sólidos que sostengan la convivencia.

Como vimos en los capítulos anteriores, el amor empieza a materializarse tras la etapa más intensa del enamoramiento. Hasta este momento, la fuerza de los sentimientos pasionales y viscerales había sido *pegamento* suficiente para mantener activa la unión de los enamorados. Sin embargo, no es hasta que la *ceguera* de la pasión desaparece cuando se crea el escenario adecuado para el nacimiento del verdadero amor. Si la primera fase se llamaba «atreverse a sentir», la segunda se llama «aprendiendo a construir».

No hay duda de que el *amor* se vuelve más agradable cuando es narrado desde la magia, la poesía o el romanticismo. No obstante, hacerlo desde el pragmatismo puede ayudarnos a comprender los momentos de dificultad y desconcierto que inevitablemente van a presentarse. Así pues, y aunque pueda resultar decepcionante, el período de construcción comienza con una bajada a la tierra.

El primer *golpe de realidad* al que deben enfrentarse los amantes aparece con la toma de conciencia de que, por mucha atracción que pueda existir, no deja de tratarse de una unión entre dos personas que hasta hace poco eran auténticas desconocidas. Antes del momento del encuentro, cada miembro contenía su propia historia y una serie de cualidades que lo convertían en un ser único. Cada uno provenía de un lugar y cada uno tenía su destino. Por este motivo, la probabilidad de que dos vidas encajen a la perfección, por muy certero que fuera el *flechazo*, es nula. No es suficiente con sentir, es preciso coincidir. No basta con sucumbir a la *química*, hace falta, además, hacerse sabedor del funcionamiento de la *física*:

> *Cada vida es un vector diferente. Esto es, una línea recta con su punto de partida único, su trayectoria particular y su dirección específica. El milagro del amor no es encontrar un vector con las mismas características —lo cual es imposible—, es lograr que dos vidas que viajaban a diferentes velocidades y con diferentes sentidos choquen en un punto común para después comenzar a trazar una trayectoria paralela.*

Las diferencias entre los amantes pueden ser fuente de riqueza o de ruina. Todo depende del uso que, a lo largo de la relación, se haga de ellas.

La base de la unión no es el parecido, sino la gestión de la diferencia.

Para construir una relación de altura, es preciso hacer frente a tres contextos:

Aceptar el pasado

No importa si nos referimos al pasado del *otro*, al pasado propio o al pasado común. Lo que está atrás, está atrás. Punto.

Aceptar el pasado implica reconocer que no es posible amar a media persona. En las relaciones de pareja, a diferencia de los supermercados, no existen *packs-divisibles* donde te llevas una parte y dejas la otra a gusto de tu estómago o de tu bolsillo. En el amor, lo que viene, viene entero. Estar celebrando la suerte de haber encontrado a alguien especial y al mismo tiempo estar maldiciendo su pasado es hipócrita e irreal.

> *Todo, lo bueno y lo ¿malo?, forma parte de la misma persona y es resultado de su historia. Así, su manera de quererte y cuidarte también es su pasado. Su sentido del humor, su dulzura, su picardía o esa manera de reír tan suya que taaaaaanto te gusta… ¡también son su pasado! De una u otra manera, ¿qué no lo es?*

Dice más de una persona adónde va que de dónde viene o dónde está.

Tener una historia detrás no es motivo de vergüenza cuando es propia o de reproche cuando es ajena. Tener una historia detrás es el resultado de haber vivido. No se trata solo de aceptarse o perdonarse cuando la situación así lo requiera, sino de comprender que la vida, aunque se contempla mirando hacia atrás, sucede siempre hacia adelante. «Vivir —decía Erich Fromm— es nacer a cada instante.»

Abrazar (en) el presente

El presente es el único espacio en el que suceden las cosas y, por tanto, el único y verdadero campo de batalla. Es el lugar donde acertamos y donde nos equivocamos, donde relucen nuestras mejores cualidades y donde se revelan nuestros defectos. Abrazar el presente es abrazar la realidad tal y como se presenta, sin escapismos. Es disfrutar su lado brillante sin desaparecer en el oscuro. Es, como suele decirse, estar «en lo bueno y en lo malo».

Cualquier relación que aspire a ser sólida y duradera debe hacer frente a momentos de alto vuelo y a momentos de bajo arrastre. Cada etapa es una prueba. Cuando todo funciona bien, es sencillo permanecer unidos. No es hasta que aparecen las primeras adversidades cuando surge el desafío.

Los verdaderos equipos se descubren en los momentos de adversidad.

Una vez se ha apostado por formar equipo no hay espacio para el individualismo o la rivalidad. Si uno triunfa, los dos lo celebran; si uno cae, el otro ayuda. No importa cuál de los dos sea o cuántas veces ya haya caído. Lo importante es que, pase lo que pase, siempre haya uno haciendo guardia.

Mirar al futuro

El futuro es la estrella polar del presente, su guía. Es el juez que determina al servicio de qué o quién se está tomando una decisión, si se trata de un gesto que persigue el interés individual o si busca el beneficio del conjunto. Cuando se actúa poniendo el foco en la construcción común no hay cabida para la comparación. En un equipo cada integrante ofrece unas cualidades diferentes, y lo que en un sitio uno añade de menos, en otro puede añadirlo de más.

A la hora de construir no importa cuánto ponga cada uno, sino la capacidad de ambos para colocarse delante de la montaña de ladrillos y, tras remangarse, preguntar: «Entonces, ¿quién pone qué?».

¡Manos a la obra!

Próxima estación: Tú

La tercera ley de Newton: la única forma
que conocen los humanos de llegar a alguna parte es dejando algo atrás.

Interstellar,
Christopher Nolan

El momento más duro de una despedida no es cuando
uno ya se ha ido, sino cuando estando todavía ahí sabe
que ha de irse.

En cada uno de nosotros reside un explorador y un habi-
tante. Uno pide crecer y el otro pide quedarse. Uno es
más aventurero, osado y curioso, y el otro más reposado,
paciente y calmado. En general se llevan bien —hay momentos para cada uno—, pero en otras ocasiones entran
en disputa.

Por regla general, nuestros conflictos son fruto de una deliberación interna entre el regocijo de los recuerdos y la ambición de los sueños y la imaginación. A un lado, lo que seguro nos hizo feliz; al otro, lo que tal vez nos lo podría hacer. El mundo de nuestros pensamientos es un parlamento dividido entre una cabeza de derechas y un corazón de izquierdas; una parte que sabe que irse es dejar algo y otra, que quedarse es perderse demasiado. Estos conflictos nos acompañan en varios momentos a lo largo de toda nuestra vida. Son los momentos de transición. Dolorosos, pero necesarios.

Toda historia personal es una suma de etapas, de comienzos y finales. Nuestra vida, más que una gran caja, es una cajonera llena de momentos que han tenido que terminar para dar lugar a otros nuevos, una sucesión de saludos y despedidas que lejos de evitarse deben ser comprendidos y abrazados como ley de vida.

Crecer no es ir cumpliendo años, es ir quemando etapas.

Cada etapa tiene su tiempo y cada persona tiene sus etapas. Estas etapas son personales e intransferibles. Cada uno debe vivir las suyas y recorrerlas sin saltarse ninguna. Todo tiene su momento: cuando eres un niño, amas jugar, hacer travesuras y revolcarte por el barro, pero esto no dura para siempre; después, lo que te apetece es explorar, rebelarte y buscar tu sitio en el mundo; más adelante, la inclinación suele ir hacia el encuentro de la independencia económica, la autoafirmación, viajar e inventarse la vida; y quizá, lo que persigas después, sea formar una familia, establecerte o seguir ampliando fronteras. Sea como sea aquello que elijas, lo importante es que la persona que vayas construyendo viva en sincronía con la etapa en la que estás. Lo que no tiene sentido es ser un niño y pretender tener tu propio sueldo o tener treinta años y medir tu autoestima en función del número de *likes* que tienes. Aunque las etapas no dependen siempre de los años, llega un punto en el que hay que saber cuándo guardar los muñecos y abrir una nueva caja de zapatos. Cada momento de nuestra vida tiene su función, y por muy feliz que te hiciera en el pasado es necesario preguntarse si esa etapa está a tu servicio o si has empezado tú a vivir al servicio de la etapa.

Cuando perdemos algo, tendemos a buscarlo en el sitio que un día estuvo. Así ocurre con la felicidad. Tratamos de construir nuestro futuro con las reglas que nos sirvieron en el pasado, olvidando que cuando uno se agarra a un clavo, más le agarra el clavo a él. Aferrarte al pasado cuando tú has crecido es una cabezonería equivalente a vestir una camiseta dos tallas menor solo porque algún día fue tu favorita. Lo mejor que puedes hacer con esa camiseta es guardarla, reciclarla o dejar que otros hagan uso de ella, pero en ningún caso volvértela a poner. Solo cuando eres consciente de esto descubres que tu siguiente etapa no se llama «repetir», se llama «reinventarse».

En la vida todo cambia y es nuestra misión cambiar con la vida. Reinventarse no solo significa embarcarse en el precioso reto de construir, también implica dejar que aquellas personas y momentos que un día fueron el rincón de tu felicidad sigan su curso sin ti.

La puntualidad no es solo llegar a la hora, es también marcharse a tiempo.

La vida no siempre son trenes a los que hay que subir, a veces son estaciones en las que hay que bajar. Por muy hermoso que haya sido el viaje, casi siempre llega el momento en el que se abren las puertas y toca mirar a ese presente ya con ojos de pasado y decirle: «Este no es mi viaje, es el tuyo».

Si te ha llegado este momento, llénate de valor y con una gran sonrisa coge las maletas. Es la hora de partir. ¿Adónde? Eso solo el tiempo lo dirá.

Para quien se atreve a cambiar no existe un camino de regreso. Una vez iniciado el movimiento, hagas lo que hagas, siempre dejas algo atrás. A cambio, pasas al mundo de la acción en el que ocurren las cosas. Crecer es un continuo echar de menos.

Buen viaje, amigo.

El cuaderno de la felicidad

Ahora que has llegado al final quiero hacerte una pequeña confesión.

Siempre me ha gustado imaginar que de mayores nos convertimos en aquello que de pequeños dejamos sin contestar y que, en cierto modo, toda experiencia vital no es más que una búsqueda de respuestas que concluye con una vuelta a casa, a nuestro hogar. Quizá no ocurra así y esta visión sea tan solo una manera de justificar con fantasía el nacimiento de este libro. Si es así, me parece bien.

En mi caso, uno de esos interrogantes se llamaba felicidad. Desde hace muchos años me ha acompañado la curiosidad por llegar a descubrir el camino exacto hacia aquello que perseguía todo el mundo y que parecía dar sentido a cada acción. Para ello, creé un cuaderno al que, sin mucho alarde de ingenio, llamé *El cuaderno de la feli-*

cidad, con la intención de atesorar todas las notas que pudiera sobre ella para algún día escribir un libro —o, más bien, un mapa— que recogiera con precisión sus coordenadas. «Con tanta gente buscándola, ya deberían saber dónde está», pensaba.

Busqué con atención en la filosofía. Desde los clásicos, hasta los modernos. Desde Platón o Aristóteles hasta Russell o Savater, pasando, cómo no, por Rousseau, Kant o Voltaire. Me adentré también en el cine y la literatura detrás de algunas pistas. Hablé por ello con auténticos buscadores de felicidad como Frank Capra o Billy Wilder y con otros como Kafka, Nietzsche u Oscar Wilde, quienes —aunque quizá lo negarían— intuyo que también la anduvieron buscando. En cada fuente encontraba nueva información para mi cuaderno. Siempre había algo que apuntar, aunque nunca una ubicación definitiva. Lejos de acercarme, tenía la sensación de que mientras más investigaba, más confuso se volvía todo. Por este motivo —y algo desilusionado—, escribí un día entre mis notas: «Estado de la misión: INABARCABLE».

A continuación, añadí estas palabras:

Están quienes afirman que la felicidad es una invención de nuestra cultura y los que la consideran una utopía inalcanzable, pero necesaria para hacernos caminar. «La felicidad es el camino», dicen. Hay para quien solo existen los momentos felices y para quien puede llegar a ser un estado permanente; los que dicen que feliz se es y los que dicen que en la felicidad se está. Está el continuo desear de Occidente y la moderación de Oriente; los que buscan la felicidad en el poder, el dinero y las posesiones y los que tratan de reducir el deseo a su mínima expresión; los que la buscan en la Tierra y los que se reservan para el cielo. Están los científicos que se atreven a lanzar una fórmula ($F = E (M + B + P) / R + C$), los que hablan de un gen de la felicidad y los que dicen que lo único de lo que podemos hablar es de bienestar o satisfacción. Están los que creen que la felicidad es amar y los que creen que es amarse, así como los que piensan que hay que amarse para amar. Están los que la intentan vender y los que la intentan comprar. Los que la cantan, los que la escriben y hasta los que la huyen. Están los que como Santa Teresa confiesan que su mayor pecado fue querer ser feliz y los que como Borges afirman que no haberlo sido es el peor de los pecados.

Querido lector y compañero, tras años de búsqueda no puedo ofrecerte —como un día ambicioné— una definición completa de felicidad. Esta tarea te corresponde solo a ti. Sin embargo, el mero hecho de perseguirla me ha llevado a la revelación que da sentido a este libro: no es la felicidad lo que dota nuestra vida de valor, sino la forma en que decidimos abordar cada instante de nuestra existencia. Por esta razón, no voy a desearte en esta despedida que seas feliz. Voy a desearte que saltes al ruedo de la vida dispuesto a ganar, pero también a perder; a reír, pero también a llorar. No voy a desearte una vida llena de perfección, dicha y alegría, sino una vida llena de realidad, valentía y aceptación. Y si en el intento por vivir historias, exprimir cada momento y tratar de vivir con autenticidad encuentras la tan buscada felicidad, espero con mi cuaderno tu historia, confiando en que por el camino no hayas olvidado que, en el humano deseo de vivir feliz, feliz es solo el apellido de su acción protagonista: vivir.

Estimado lector, no hemos venido aquí a ser felices ni a no ser felices. Aquí hemos venido a vivir.

Vive de forma que te duela marcharte.

Agradecimientos

Termino este libro con el firme convencimiento de que hubiera sido una obra totalmente diferente de no ser por la incondicional ayuda y compañía de Nekane González. Gracias por las incontables horas que has dejado en estas páginas, por tu magia y especial sensibilidad. Me faltan hojas para agradecerte.

A todo el equipo editorial de Nube de Tinta, especialmente a Laia Zamarrón y Marta Latorre. Gracias por hacer realidad mi ilusión con tanto cariño y profesionalidad.

A mi hermano Alejandro, por ser *el guardián de mi vida* y recordarme que, contigo, «nunca me faltará nada».

A mi abuela Vicky, por nunca decirme «de eso no se come», sino «come mucho que tienes que estar fuerte para *pensar*». Ella es la máxima expresión del amor que jamás he conocido. Este libro habla de ti, abuela.

A mi abuela Encarna, por ser ejemplo de entereza y enseñarme cada día que «si estás en el baile has de bailar». Gracias por cuidarme y mantener vivo el recuerdo de mi abuelo Cruz Martínez Esteruelas, luz y guía de nuestra familia.

A mi primo Borja Tamayo, por ayudarme a imaginar, y a mi prima Alba Tamayo, por recordarme dónde está el suelo. Sois mi verdadero equipo.

A mi madre Encarna, por todos sus esfuerzos y renuncias para que tuviera la mejor educación posible. Por tu pasión por las letras, principal influencia para mí.

A la inspiración y memoria de mi padre Juan Carlos y mis abuelos Rufino y Cruz, grandes soñadores.

A mis tíos Blanca y Jorge, por tener siempre un libro en vuestras manos.

A mi madrina Maite, por cuidarme desde la distancia. Igualmente, a mi tía Mariví y mi prima Teresa.

A Marta Lamas, por dar nombre y alma a un *universo* que nunca podrá devolverte tanto.

A Enric Ochoa-Prieto, mi escritor favorito, hermano y «compañero de toga».

A mi querida *UA Family*: Andreu, Trini, Sara, Esther, Pablo y Javi. Este libro habla de lo que soy, y lo que soy habla de vosotros. Gracias por creer en mí al alza y sin escatimar en *gastos*. Sois mis alas.

A la familia Maldonado-Toledo, muy especialmente a Pilar. Tu cariño y fe en mí no tienen límites. Gracias con toda mi alma.

A Juanjo Nieto y Roberto Soto, mis salvavidas informáticos.

A Belfast, Madrid, Jávea y Torrevieja, *continentes y contenidos*. A todos los lugares y amigos que me han convertido en lo que soy tras alguna experiencia, aventura o conversación. Agradezco especialmente a Alberto Gago, Paloma Gutiérrez Mellado, Arturo Mesa, Gonzalo Pradenas, Olga Puente, Judit Pujol, Joaquín Sánchez y al *Capitán* Diego Sastre. Sin olvidarme —y en nombre de tantos otros— de Patricia Aranguren, Adrián Bourdelande, Alejandra Corredera, Iris Escribano, Samuel Hermoso, Elisa Leandro, Juan Lorente, Guillermo Lorenzo, Sandra Martínez, José Luis Martínez, Rodrigo Oyanadel, Álvaro Riquelme, Jaime Romero, Marta Ruiz, Adrián Torres y César Tovar. Este libro es también vuestro.

A todos los que, ya sea de forma activa o compartiendo contenidos, han colaborado en *El universo de lo sencillo* a lo largo de sus tres años de vida. Aunque son muchos más, agradezco a Diana Abdou, Laura Chica, Marta Dalmau, Alejandro Durán, Sergio Falcón, María Gilabert, Alexis González, Lara Lussón, Óscar Montero, Rocío Moreno, Nilton Navarro, Esther Reyes, Inés Torremocha y Noemí Vico. Y, de manera muy especial, a mi *primera* seguidora y Osa Mayor, Lucía Borrallo.

Y, finalmente, a todos los seguidores de *El universo de lo sencillo*. Nada habría sido posible sin vosotros. Gracias de todo corazón.